对症拉伸

5分钟释放疼痛

杜江榕 主编

黑龙江科学技术出版社
HEILONGJIANG SCIENCE AND TECHNOLOGY PRESS

图书在版编目（CIP）数据

对症拉伸，5分钟释放疼痛 / 杜江榕主编. -- 哈尔滨:
黑龙江科学技术出版社，2019.9

ISBN 978-7-5388-9943-6

Ⅰ. ①对… Ⅱ. ①杜… Ⅲ. ①健身运动-基本知识
Ⅳ. ①G883

中国版本图书馆CIP数据核字(2019)第024376号

对症拉伸，5分钟释放疼痛

DUIZHENG LASHEN, 5 FENZHONG SHIFANG TENGTONG

主　　编　杜江榕

责任编辑　马远洋
摄影摄像　深圳市金版文化发展股份有限公司
策划编辑　深圳市金版文化发展股份有限公司
封面设计　深圳市金版文化发展股份有限公司
出　　版　黑龙江科学技术出版社
　　　　　地址：哈尔滨市南岗区公安街70-2号　邮编：150007
　　　　　电话：（0451）53642106　传真：（0451）53642143
　　　　　网址：www.lkcbs.cn
发　　行　全国新华书店
印　　刷　深圳市雅佳图印刷有限公司
开　　本　723　mm×1020　mm　1/16
印　　张　10
字　　数　200千字
版　　次　2019年9月第1版
印　　次　2019年9月第1次印刷
书　　号　ISBN 978-7-5388-9943-6
定　　价　38.00元

Preface

当代很多人一方面因为久坐电脑前工作、长期开车、低头玩手机等经常长时间维持同一个姿势，让身体疲惫不堪，另一方面又懒于运动，长久下来，肌肉紧绷、关节僵硬、韧带松弛，肌腱和软骨承受压力的能力也不足，所以只要受到一点冲击，就会受伤、疼痛。这些疼痛都会影响我们每天的生活品质。

疼痛，是人的一种主观感觉，是通过神经末梢上的痛觉感受器产生的。当这个感受器受到刺激后，会通过脊髓将信号传输到大脑，人就会产生痛感。痛感因人而异，有的人一点点痛都受不得，要去医院检查一番才心安；有的人忍痛能力较强，认为疼痛是可以忍受的，只要还没严重到要去医院，靠吃止痛药舒缓就好了。然而，忍痛或者吃止痛药并不能根除疼痛，稍不注意有可能还会恶化，甚至演变成重大疾病。

疼痛虽然会折磨我们的身体，影响日常生活作息，使我们情绪低落，还会使精神、血压、血糖、免疫力等发生紊乱，引发或加重身体的其他疾病，但是它也有好的一面，因为疼痛会让我们被迫停下休息，以免病情恶化。只要正视疼痛，并在发生疼痛时积极处理，就能预防更严重的疾病。

本书是一本实用、有效的自我拉伸指导书，针对具体的痛点进行介绍，哪里痛就动哪里，每天 5 分钟快速缓解疼痛。全书分为三章：第一章带您认识身体的疼痛，了解疼痛的根本原因；第二章解释了为什么拉筋伸展可以有效缓解疼痛；第三章分别介绍了身体的十大疼痛部位（颈部、肩膀、背部、腰部、手肘、手腕、骨盆、膝盖、脚踝、脚掌），首先教您进行疼痛自我检查，弄清哪些疼痛需要及时就医，接着针对每一疼痛部位推荐适合的拉筋伸展操。

Contents

CHAPTER 01 身体疼痛？是什么在作怪？

你对自己的身体了解吗？ ……002

柔软度与肌肉的关系 ……003

身体的柔软度和体适能 ……004

力是如何产生的 ……004

疼痛是疾病的预警信号 ……005

疼痛种类多，中西结合帮您辨 ……007

什么是疼痛？ ……007

姿势与身体疼痛有直接关系 ……009

坐姿 ……009

站姿 ……010

行姿 ……011

卧姿 ……012

疼痛与运动的关系 ……013

为什么运动过后身体会疼痛？ ……013

为什么活动身体时，会发出声响？ ……014

运动是缓解疼痛的最佳办法 ……014

运动要量力而行 ……015

身体各部位对疼痛的影响 ……016

关节，传递身体能量 ……016

关节疼痛？与韧带、肌腱和肌肉痛有关 ……018

Contents

脊椎肌肉，维持身体平衡 019

身体肌肉，越不用越脆弱 020

核心肌群，支撑脊椎保护脏腑 021

肩胛骨，上半身的中轴 022

大腿健壮与否，决定下肢的健康 022

筋膜的异常导致身体异常吗？ 023

身体各部位常见的疼痛症状 024

切忌过度依赖止痛药 025

CHAPTER 02 拉筋，缓解疼痛的有效方法

拉筋：筋拉一寸，寿延十年 028

什么是筋？ 028

筋缩危害大，生活中常见的筋缩现象 028

拉筋益处大，常拉健康在 030

拉筋的好处你都知道吗？ 031

你不可不知的拉筋分类 034

静态式拉筋法 034

动态式拉筋法 035

拉筋的注意事项 036

拉筋的常见问题 038

按摩松筋，拉筋的辅助疗法 ……039
腰椎 ……039
椎间 ……040
脊椎 ……041
关节 ……042
腰肌 ……043
膝盖 ……044
韧带 ……045
腿部肌肉 ……046
全天 24 小时，随时随地做拉筋 ……047
起床 ……047
等公交 ……049
办公 ……050
午休 ……051
睡前 ……052

Contents

CHAPTER 03 简易拉伸操，对症改善疼痛

颈部的简易拉伸操 ……056
哪些症状可以看出颈痛 ……056
基础操作步骤 ……057
不同病症导致的颈痛 ……061
肩膀的简易拉伸操 ……065
哪些症状可以看出肩痛 ……065
基础操作步骤 ……066
不同病症导致的肩痛 ……071
背部的简易拉伸操 ……076
哪些症状可以看出隐藏性背痛 ……076
基础操作步骤 ……077
不同病症导致的背痛 ……082
腰部的简易拉伸操 ……084
哪些症状可以看出隐藏性腰痛 ……084
基础操作步骤 ……085
不同病症导致的腰痛 ……093
手肘的简易拉伸操 ……098
哪些症状可以看出手肘痛 ……098
基础操作步骤 ……099
不同病症导致的手肘痛 ……105

手腕的简易拉伸操 107

哪些症状可以看出手腕痛 107

基础操作步骤 108

不同病症导致的手腕痛 112

骨盆的简易拉伸操 115

哪些症状可以看出骨盆痛 115

基础操作步骤 116

不同病症导致的骨盆痛 121

膝盖的简易拉伸操 124

哪些症状可以看出膝盖痛 124

基础操作步骤 125

不同病症导致的膝盖痛 131

脚踝的简易拉伸操 134

哪些症状可以看出脚踝痛 134

基础操作步骤 135

不同病症导致的脚踝痛 140

脚掌的简易拉伸操 143

哪些症状可以看出脚掌痛 143

基础操作步骤 144

不同病症导致的脚掌痛 148

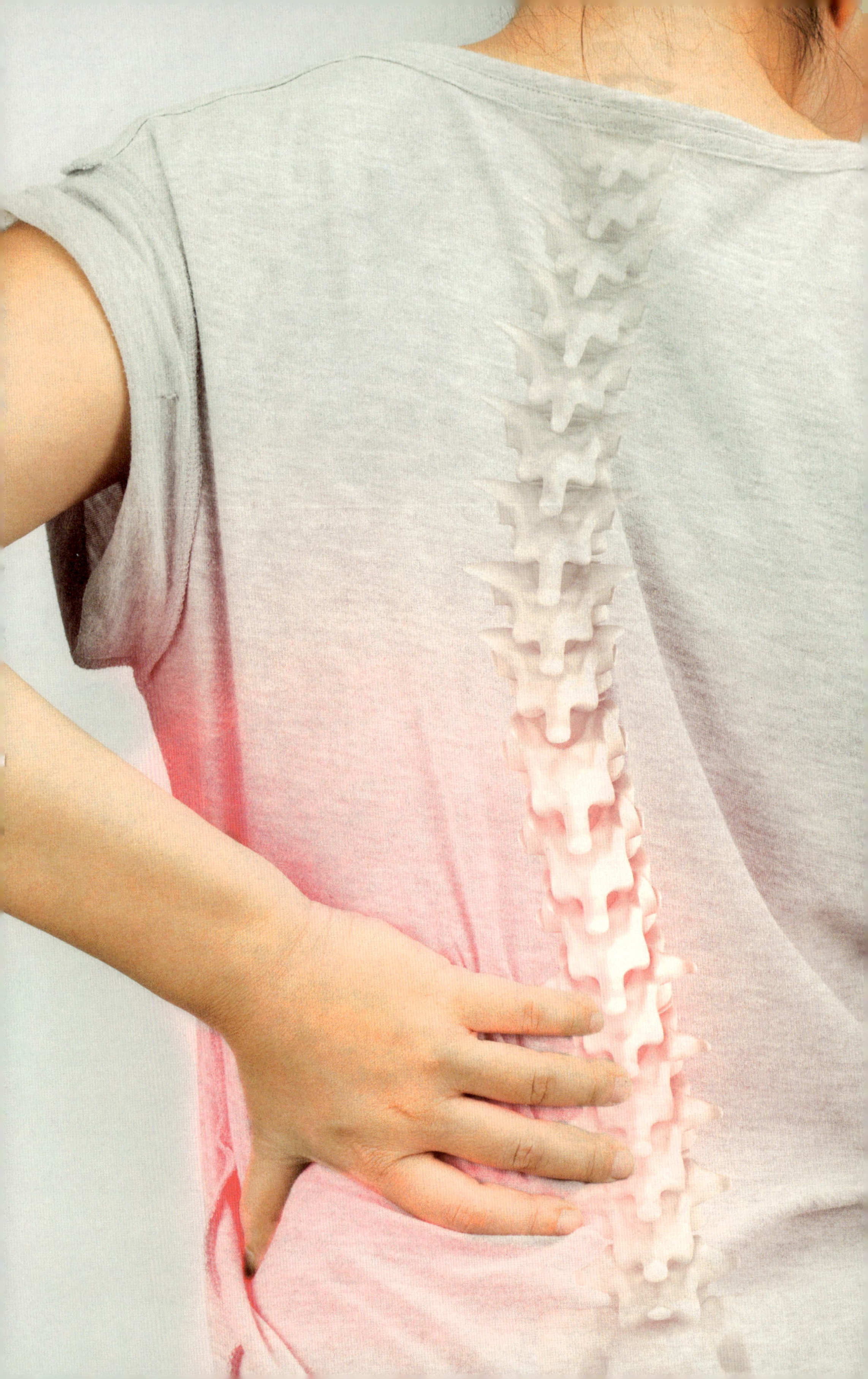

CHAPTER 01

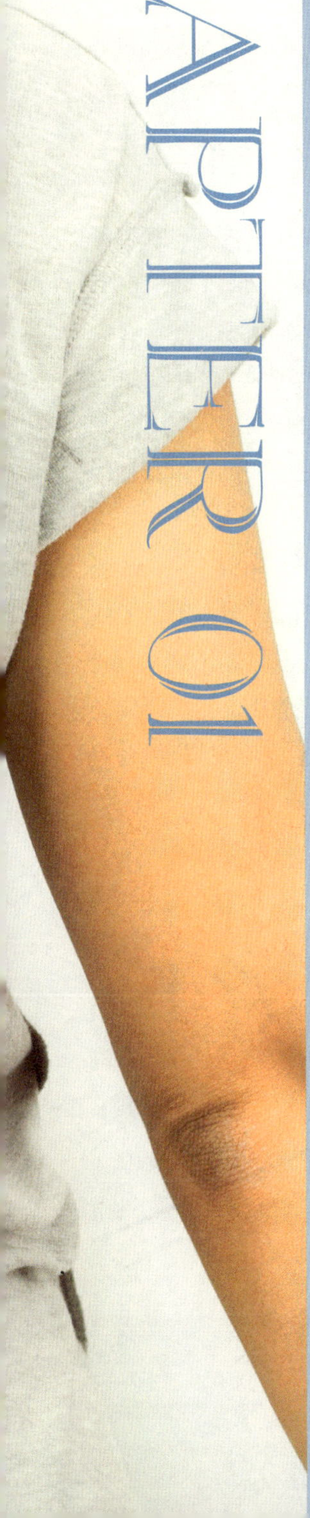

身体疼痛？是什么在作怪？

疼痛是一种主观感受，是人类最原始、最普遍存在的一种痛苦。疼痛可视为对机体受到伤害的一种警告，会引起机体的自我保护反应。那么身体为什么会疼痛？翻开本章，你将会得到答案。

你对自己的身体了解吗？

以解剖学的角度来说，人体是由骨头、软骨、肌肉、韧带、肌腱以及椎间盘等组织构成。软骨位于骨头末端；椎间盘介于脊椎骨和骨头之间；为了支撑不完整的关节，韧带和肌肉会彼此紧紧相连。此外，也有紧连骨头与肌肉、帮助关节自由活动的部位，如阿基里斯腱。

当这些关节或脊椎的构造受伤、骨折、撕裂或断掉时，就会引起疼痛；在神经通过的路径变窄或软骨磨损导致关节彼此抵触的情况下，也会引起疼痛；当韧带变粗，并且像骨头一样坚硬的时候，也能引发疼痛。这个时候就得靠运动改善。

人体非常神奇，各种系统确保身体可以正常有序地运转。其中最重要的系统之一是运动系统，它对身体的灵活性、协调性和平衡性有重要的控制作用。

运动有助于恢复突然受伤的部位，也能延缓退化性疼痛发生的时间，以及减轻治疗时身体负担的疼痛感。

脊椎和关节具有记忆点，可以适应各种活动动作。例如坐下、起身、走路，是关节早已熟悉并且适应的动作，如果施力方向不稳定而导致的错位，或是突然遭受撞击，关节也有可能失去稳定性。

这种情况下，韧带是首当其冲稳定关节的构造，另一个就是肌肉。只要肌肉力度够强大，即便韧带脆弱，或多或少也能消除关节不稳定的状况。运动恰好就是锻炼肌肉力量的好方法。

柔软度与肌肉的关系

紧绷、僵硬的肌肉会限制身体的柔软度（或称正常活动范围）和妨碍正常的肌肉活动。一旦肌肉无法有效收缩和放松，就会导致肌肉活动表现不佳及肌肉活动控制不良，也可能造成运动时肌力和爆发力的大幅减弱。

柔软度，可能受限于内在因素及外在因素。内在因素如骨骼、韧带、肌肉量、肌肉长度、肌腱，以及皮肤的状况；外在因素则包括年龄、性别、温度、衣服，还有身体状况，所有这些都会影响一个人的柔软度。

随着年龄增加，肌肉和关节会越来越紧绷、僵硬，这是老化的必然现象，是身体退化和活动力降低所造成的。虽然我们没办法阻止老化，但并不表示我们要就此放弃柔软度的改善和训练。

想改善身体的柔软度，肌肉和肌膜应该是训练重点。尽管骨骼、关节、韧带、肌腱和皮肤都是影响柔软度的因素，但我们无法控制这些因素。

骨骼和关节	骨骼和关节先天的结构，让我们的活动受到限制。例如当我们把腿伸直后，不论再怎么努力，膝关节都无法再往前弯曲
韧带	韧带连结骨骼，是关节的稳定装置。我们应该尽量避免伸展韧带，因为这可能会使关节变得不稳定，导致关节脆弱及容易受伤
肌腱	肌肉通过肌腱和骨骼相连结，而肌腱由致密的结缔组织所组成。肌腱非常强健，但又非常柔韧。肌腱是影响关节稳定的因素之一，但对关节柔软度的影响不到百分之十，因此不该是拉筋伸展运动的主要目标
肌肉	人体有超过 215 对骨骼肌，这些骨骼肌大约占我们体重的 40%。之所以将其命名为骨骼肌，是因为这些肌肉大部分都连接在骨骼上，能使骨骼运动，也正是这些肌肉负责我们的运动

身体的柔软度和体适能

要判断一个人的体适能是否良好，需要看许多因素，而柔软度只是其中之一。除了柔软度，肌力、爆发力、速度、耐力、平衡度、协调度、灵活度和运动技巧都是判断体适能是否良好的重要因素。

例如，橄榄球和美式足球非常依赖肌力和爆发力，但如果训练过程中缺乏运动技巧和柔软度，就可能导致严重的运动伤害，或运动表现不佳。肌力和柔软度对体操选手来说是第一位的，但良好的体操训练计划也要兼顾爆发力、速度和耐力的训练。这个道理在所有人身上都适用，有些人可能天生肌力强或柔软度好，但如果完全忽略其他体适能的要素，就非常不明智。此外，某个关节或肌群的柔软度良好，并不表示全身的柔软度都很好。所以，柔软度只能用特定的关节或肌群来定义。

力是如何产生的

骨骼肌的拉伸在其产生力的能力中得到体现。如果一个举重运动员能举起 75 千克的重物，那么，他的肌肉就有产生举起 75 千克重物的力的能力。在不举重物的时候，骨骼肌也要产生一定的力，使与它们相连的骨骼运动。产生力的能力由几个因素组成，包括被激活的运动单元的数量和类型、肌肉的大小，还有关节的角度。

大部分运动总是通过两块或两块以上肌肉共同作用而完成的，其中某一块肌肉提供原动力，大部分原动力肌肉都有协同肌辅助。另外，多数骨骼肌还有与之相对应的一块或多块起相反作用的对抗肌。比如说髋关节外展运动，臀中肌为原动力肌，阔筋膜张肌为协同肌，腿部内弯肌为对抗肌，通过收缩肌的运动，对抗肌与其他肌肉相互抑制。

交互抑制是当一块肌肉对抗肌收缩时，这块肌肉本身自动产生抑制的一种生理现象。也有一些特殊情况，主动肌和对抗肌同时收缩，这被称为协同收缩。

现在，我们对灵活性、肌肉和肌肉的运动机制有了一个大概的了解，可以给拉筋操下一个定义了。拉筋操，有助于身体的健康和舒适，是一种将身体特定部分摆到一个位置，从而拉伸肌肉和相关软组织的运动。

疼痛是疾病的预警信号

头痛、喉咙痛、胃痛、腿痛……这些身体的疼痛经常在我们身上发生，但很多人面对疼痛带来的身体不适时都选择当“忍者”，或者随便吃些止疼药就算了。现代医学研究表明，疼痛不仅是人体患病的重要信号，而且许多慢性疼痛本身就是病。

信号 1 头部疼痛

【症状描述】头部像被挤压般疼痛，感觉太阳穴或眼睛后面的神经“一跳一跳”地疼。

【可能病症】紧张性头痛。

【致病原因】压力过大或过度疲劳、交感神经过度兴奋、血管痉挛。

信号 2 咽喉疼痛

【症状描述】咳嗽、咳痰，并伴有呼吸困难。

【可能病症】支气管炎。

【致病原因】吸烟、细菌、过敏或病毒都会使支气管发炎。

信号 3 胸部疼痛

【症状描述】①胸部出现针扎样、烧灼样的刺痛。②胸部正中灼烧样疼痛。

【可能病症】①心绞痛。②胃食管反流。

【致病原因】

①可能是由于冠状动脉被阻塞、心脏供血不足而发生心绞痛。心绞痛经常来去无踪，在跑步、爬楼梯时突然袭来，半分钟之内又转瞬即逝。但切不可麻痹大意，这是心脏病的征兆。

②食管末端有一处肌肉，负责将食物推送入胃部，并且阻止食物反流回食管。当这处肌肉出现问题时，酸性很高的胃液便会进入食管，使食管黏膜受损。

信号 4 胃部疼痛

【症状描述】上腹部紧缩般疼痛或感到很不舒服，尤其在饭后 1 ~ 3 小时内更加明显。

【可能病症】消化系统溃疡。

【致病原因】服用消炎止痛药的人群中，过量吸烟和饮酒也易引发此症。

信号 5 腹部疼痛

【症状描述】①腹部灼烧样疼痛。②上腹部尖锐的疼痛。

【可能病症】①胃或十二指肠溃疡。②胆结石。

【致病原因】①这是因为胃部或十二指肠的黏膜出现破溃，遭到强度很高的胃酸的侵袭，因而非常痛苦。②这是由于胆囊内生出小块的胆汁颗粒，导致胆管梗塞和发炎，因而发生剧痛。

信号 6 背部疼痛

【症状描述】背部肌肉扭缩，脊柱僵直。

【可能病症】脊柱椎间盘退化。

【致病原因】长期坐位工作以及姿势不适当，脊柱过度劳累，椎间盘容易受到伤害，产生疼痛及僵直。

信号 7 腿部疼痛

【症状描述】被踢打似的疼痛。通常是大腿处，有时会扩展到全腿甚至脚尖。

【可能病症】坐骨神经痛。

【致病原因】脊柱骨节滑动，压迫神经末梢。长期从事体力劳动或进行剧烈运动后容易发生。

疼痛种类多，中西结合帮您辨

什么是疼痛?

疼痛是一种令人不快的感觉和情绪上的感受，伴有实质的或潜在的组织损伤。它是一种主观感受，是人类最原始、最普遍存在的一种痛苦。

疼痛的分类多种多样，但其性质有时极难描述，人们通常可以指出疼痛的部位和程度，但要准确说明其性质则较为困难。

西医认为，疼痛按部位可分为皮肤痛，以及来自肌肉、肌腱和关节的深部痛和内脏痛，它们各有特点；按病程时间可分为急性疼痛、慢性疼痛。对于这些，人们一般不会陌生。

中医认为，疼痛是因各种原因引起身体某些部位的经络、气血运行不畅而产生的，其核心是气血运行障碍。《素问·举痛论》说："经脉流行不止，环周不休。寒气入经而稽迟，泣而不行，客于脉外则血少，客于脉中则气不通，故卒然而痛。"

西医以病理生理学的主要类型分类

急性疼痛	软组织及关节急性损伤疼痛、手术后疼痛、产科疼痛、急性带状疱疹疼痛、痛风等
慢性疼痛	三叉神经痛、软组织及关节劳损性或退变性疼痛、椎间盘源性疼痛、神经源性疼痛、类风湿性关节炎等
顽固性疼痛	疱疹后遗神经痛、截肢后患肢痛、周围神经损伤性疼痛、椎间盘突出症、顽固性头痛等
癌性疼痛	晚期肿瘤痛、肿瘤转移痛、放射性神经炎、放射性骨坏死、放疗以及肿瘤压迫引起的神经痛等
特殊疼痛类	血栓性脉管炎、顽固性心绞痛、特发性胸腹痛等
其他	早期视网膜血管栓塞、突发性耳聋、血管痉挛性疾病、面肌痉挛、过敏性鼻炎、顽固性呃逆、末梢血管疾患等

中医以疼痛感的主要类型分类

胀痛	既疼痛而且发胀。胀痛发生于头目者，多属肝火上炎，或肝阳上亢；胀痛见于胸胁脘腹等处者，多属气机郁滞
刺痛	疼痛犹如针刺之状。多属于血瘀内停所致
冷痛	疼痛且有冷感，得温痛减。多由于寒邪阻络或阳虚失温所致
灼痛	疼痛且有热感，喜凉恶热。多由于阳热亢盛或阴虚内热所致
隐痛	疼痛轻微，时发时止。多因阴血不足，机体失养，或阳气亏虚，机体失温所致
绞痛	疼痛剧烈，犹如刀绞。多由有形实邪阻滞经脉，气血不通所致（实邪闭阻气机）
重痛	疼痛且有沉重感。多因湿邪阻滞、气机不畅所致
空痛	疼痛且有空虚感。多因气血不足、精髓亏少，机体失其充养所致
酸痛	疼痛而有酸软感。若周身酸痛，可见于表证或湿证；若腰膝酸痛，多属于肾虚
掣痛	抽搐牵引而痛，由一处而连及他处者，又称引痛。因邪气阻滞，经脉不利，或阴精不足，筋脉失养所致
固定痛	疼痛的部位固定不移。其痛在胸腹腔者，多见于血瘀证；其痛在四肢关节者，多见于寒湿痹证。临证时还要结合其他疼痛性质及兼症综合分析，方可定论
窜痛	疼痛的部位不固定，或游走性疼痛，或攻窜性疼痛。前者见于四肢关节，属风痹；后者见于胸胁腹部，属气滞

姿势与身体疼痛有直接关系

引起身体疼痛的因素有很多，不良姿势就是其中之一。在长时间扭曲姿势的作用下，脊椎相关部位的肌群会因过度紧张而出现肌肉强直，日积月累便会导致脊椎弯曲、错位、变形，进而引发疼痛。只有保持正确的站姿、坐姿、行姿和卧姿，才能不让疼痛有机可乘。

坐姿

错误的坐姿

- 长时间斜靠在沙发上看电视
- 身体歪斜着用电脑
- 用一只手腕支着头思考问题
- 长时间的侧坐、斜坐
- 不自觉地翘起二郎腿

……

就是这些我们看起来稀松平常的动作，给我们的脊椎造成了很大的伤害。就拿翘二郎腿来说，这个动作会造成腰椎与胸椎的压力分布不均，臀部和腿部的肌肉、韧带劳损，导致脊椎侧弯，出现疲劳、胸闷、头晕、头痛、手脚麻木、颈肩腰疼痛，严重时还会出现脊椎移位、椎间盘突出等症状。

正确的坐姿

1 双臀均匀踏实地坐定，保持上身端正挺直，下颌微收，双手臂自然地放松下垂或是搁在书桌上，双腿水平轻松并拢，两脚平稳着地。

2 坐在有靠背的椅子上时，应在上述姿势的基础上，尽量将腰背紧贴在靠背上，使腰骶部的肌肉不致疲劳。

3 在坐了一段时间后，要站起来活动一下腰部、下肢乃至全身。这不仅有利于保持腰椎的生理功能，而且对身体其他部位也有保护作用。

站姿

错误的站姿

- 站立时两脚分叉分得很开
- 站立时膝盖伸不直
- 喜欢交叉两腿而站
- 喜欢一个肩高一个肩低
- 喜欢松腹含胸站立
- 站立时，习惯一只脚在地上不停地画弧线
- 习惯站立时靠着东西
- 不停地摇摆身子，扭捏作态

……

我们在电影、电视以及杂志中常常看见，一些明星、模特为了呈现出另类的“美感”而摆出夸张、扭曲的姿势。这让许多人误以为“虾米式”的驼背凸腰就是时尚的、美丽的，从而盲目地跟风模仿，殊不知驼背凸腰会使头部前倾，压迫颈部后方肌肉，造成脊椎不正常扭曲。如此一来，在长时间的错误立姿中不知不觉地损伤了腰椎和颈椎的健康，使得原本端正、健康的体态消失无踪。如果是未成年人的话，还会影响其发育成长。因此，一旦发现站立姿势不良，应立即加以纠正，以免对身体造成伤害。

正确的站姿

1 头端平，两眼平视前方，下巴稍内收，颈部肌肉放松，两肩在同一水平线上，腰背平直，挺胸收腹，双腿站直，两足踏实地面，足间距离与肩同宽，用两足平均承负体重。

2 即使站姿正确，但如果长时间站立，同样会给腰部带来负担。久站时，可以将一只脚放在高一点的台阶上，或是改为“稍息”的姿势。中途可适当进行一些原地活动，特别是腰背部的活动，以消除腰背肌的紧张疲劳。

行姿

错误的行姿

- 行走时习惯低头哈腰
- 身体前俯后仰、左摇右摆
- 习惯双脚呈“内八字”或“外八字”行走
- 走路向单侧倾斜
- 习惯背手、插兜、抱肘、叉腰行走

……

走路的姿势错误，不仅会影响脊椎健康，还会让整个人的气质下降。因此，我们在日常行走时要特别注意采取正确的姿势，只有这样，腰椎才能保持正常的生理曲度，避免以上问题的发生。

正确的行姿

1 双眼平视前方，颈正直，胸部自然前上挺，腰部挺直，收小腹，臀部略向后凸，双臂自然下垂摆动，双腿举步有力，换步时肌肉微放松，膝关节勿过于弯曲，大腿不宜抬得过高。步伐均匀，不急不缓，勿上下颤动和左右摇摆，保持重心稳定。

2 上下楼梯时也应注意姿势，如果姿势不当，可能会导致“踏空”而闪腰的情况。正确的上下楼步态应全足踏实在楼梯上，不要只踏半只脚，膝关节略屈曲，收小腹，臀部向内收，上身正直，速度适当。

卧姿

错误的卧姿

- 喜欢趴着睡觉
- 长时间保持一种睡眠姿势
- 偏睡一侧
- 躺着睡觉垫高枕头

……

人的一生当中，大约有四分之一的时间是在睡眠中度过的。在人生四分之一的时间里，正确的卧姿对保护脊椎起着至关重要的作用。倘若睡觉的姿势不正确，会使得全身的肌肉紧绷，不但无法在睡眠中得到放松休息，还容易造成落枕等情况，长时间下来，可能出现肌肉强直、骨骼变形。

正确的卧姿

1 仰卧时，全身须放松，四肢自然伸展，在头下放一个枕头，注意枕头边缘应贴合至肩部以下，可防止颈椎病。

2 侧卧时，取屈膝屈髋卧位，使脊椎呈正常的生理曲度，肌肉处于放松状态，可避免心脏、盆腔等脏器受压。一般认为右侧卧位较好，原因是右侧卧位不会压迫心脏，也不会影响胃肠蠕动。

3 一般不采取俯卧位，因为俯卧位容易引起颈部肌肉、韧带、关节的劳损和退行性病变，也易引起腰椎前凸增大，压迫心肺而影响呼吸，加重心肺负担。

疼痛与运动的关系

前文提到过运动可以舒缓疼痛，那么可能会有人问：运动究竟能缓解多少疼痛？答案是，可以不让疼痛影响日常生活。肌肉对关节有重要的保护作用，想要避免肌肉骨骼系统受伤以及防治疼痛，需要加强肌肉的锻炼。

为什么运动过后身体会疼痛？

有的人因为工作繁忙，长时间不运动，终于有闲暇时间运动了，在第二天却会产生副作用——全身酸痛。全身酸痛分为两种情况：一种是急性肌肉酸痛，即运动后立即出现酸痛，但是这种酸痛感消失得也比较快；另一种是延迟性肌肉酸痛，这种酸痛是在运动后 24 ~ 48 小时内才出现，持续的时间也比较长。这两种酸痛产生的原因也不完全相同。

一般认为肌肉酸痛与肌肉内部的能量代谢有关系。如参加一场跑步比赛，在迅速地奔跑中，全身肌肉尤其是腿部肌肉就会进行剧烈的收缩，肌肉收缩需要能量，它是靠肌肉组织内的肌糖元的分解来提供的。在氧供应充足的情况下，如果肌肉在静息状态，肌糖元就会通过丙酮酸直接分解为二氧化碳和水，并释放能量。但是当人进行剧烈运动时，肌糖元分解加快，耗氧量增加，使肌肉暂时处于相对缺氧状态，此时肌糖元就会通过丙酮酸转化为乳酸积存于肌肉内。堆积乳酸的肌肉会发生收缩，从而挤压血管，使得血流不畅，结果造成肌肉酸痛、发冷、头痛、头重感等，这就是急性肌肉酸痛出现的原因。

延迟性肌肉酸痛通常是在运动后 24 ~ 48 小

时出现，并不是单纯的疼痛，而是肌肉损伤。很多人都以为延迟性肌肉酸痛是因为乳酸堆积，要坚持运动才能将乳酸加速溶化，消除疼痛。其实这样容易让肌肉受到更严重的伤害，因为不当的运动容易使肌肉损伤，有可能伤害到韧带、肌腱、关节等。

因此平常不运动的人如果要开始运动，可从简单的伸展或走路开始，然后再尝试慢跑，积累了一定的运动量后再开始尝试快跑。慢慢增加运动量才能预防疼痛。

为什么活动身体时，会发出声响？

有些人在做热身活动的时候，例如转动脖子、转动肩膀、扭腰、活动膝盖等，总会出现“咔咔”的声响，这到底是什么原因？肌腱会因为长时间的发炎而产生粘连，韧带受伤后会因为出现疤痕而硬化，这些僵硬的组织互相碰撞就会发出声响。

转动身体时发出声音就代表着该部位有潜在问题，严重的话还可能引发疼痛。这时候应该立即进行舒缓，但是不能强行对僵硬的部位进行拉伸，可以用手指轻轻按摩之后再拉伸。

运动是缓解疼痛的最佳办法

疼痛轻则“僵硬酸痛”，重则“疼痛欲裂”，轻重常因人而异。是否运动，对疾病造成的疼痛、退化性疼痛或慢性疼痛有较大的差异。坚持运动的话，疼痛的强度会减弱，疼痛出现的周期也会变长，并且可快速恢复均衡的身体状态。

每个人疼痛的原因、部位及频率各不相同，因此必须清楚了解个人的疼痛情况，才能进行合适的缓解疼痛的运动。运动对身体的影响力会随着动作角度或强度的不

同而发生变化。如果运动不当，会加重身体的疼痛程度，甚至带来更严重的问题。

身体的各个部位有着密切的关联性，例如腿部出现问题的话，那么脊椎可能也有问题，所以不能单方面针对疼痛部位进行运动。

运动要量力而行

运动一段时间后，身体能感受到最明显的变化就是，身体稍微轻盈、柔软了，对疼痛的敏感度减轻了一些。很多人都有疑问：每天需要多少运动量才能更快、更好地感受到身体的变化呢？

有的人认为“运动量越多越好”，如果真的是这样，岂不是不眠不休地持续运动会更好吗？日常生活中，人体各有差异，不同的人群所需的运动量都不尽相同。每个人身体的运动量只需要符合日常活动的活动量即可，例如用家庭主妇拿水瓶运动和运动选手拿重量器材运动相比较，虽然两者运动量不同，但是从活动量来看，效果是一样的，因此家庭主妇没有必要追求更大的运动量，符合自己日常活动的活动量即可。

除了运动量，还有一个因素要考量，那就是是否承重。人在进行日常活动时，都无法摆脱体重的重压，例如直立行走、坐下再起身，就算是站着不动，对腰部和膝盖也会产生压力。在活动的情况下，关节承受的压力就更大了，例如上下楼梯时，因膝盖弯曲产生的压力就比静止的时候大，严重的时候可能会产生疼痛感。运动时，人体所承受的压力就更大了，因而在运动之前最好减少体重对身体加大的压力。

运动能使身体摆脱疼痛，并且能培养体力，但是要量力而行。

身体各部位对疼痛的影响

如果身体各部位维持在一个良好的状态，让全身肌肉处于一种平衡的状态，那么身体就可以减少或避免疼痛的发生。如今许多人运动量严重不足，使得必须要运用到身体所有部位才能完成的动作只能由局部完成，这样久而久之，身体就会失去平衡，疼痛也随之而来。

关节，传递身体能量

骨与骨之间连接的地方称为关节，能活动的叫“活动关节”，不能活动的叫“不动关节”。这里所说的关节是指活动关节，如四肢的肩、肘、指、髋、膝等关节。

关节由关节面、关节囊和关节腔构成。

关节面是构成关节各骨的邻接面，关节面上覆盖有一层很薄的光滑软骨。软骨的形状与骨关节面的形状一致，能减少运动时的摩擦；同时软骨富有弹性，可减缓运动时的振荡和冲击的作用。关节软骨属透明软骨，其表面无软骨膜。通常一骨形成凸面，成关节头；一骨形成凹面，成关节窝。

关节囊是指包在关节周围，密封关节腔独特的纤维组织所构成的膜性囊，独特的纤维组织所构成的膜性囊。关节囊分为内、外两层，外层为厚而坚韧的纤维层，由致密结缔组织构成。纤维层增厚部分称为韧带，可增强骨与骨之间的连接，并防

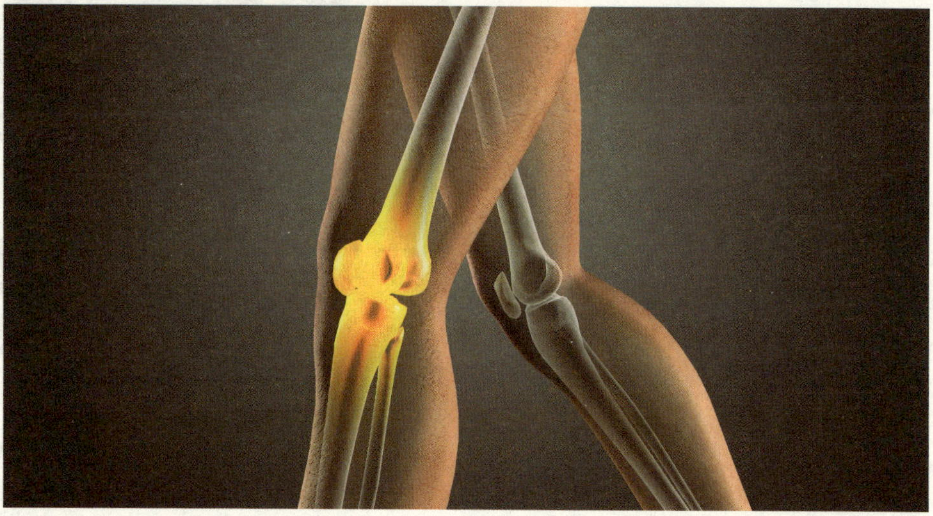

止关节的过度活动。关节囊的内层为滑膜层，薄而柔软，由血管丰富的疏松结缔组织构成，含有平行和交叉的致密的纤维组织相贴，并移行于关节软骨的周缘，与骨外膜有坚固连接。滑膜形成皱褶，围绕着关节软骨的边缘，但不覆盖软骨的关节面。

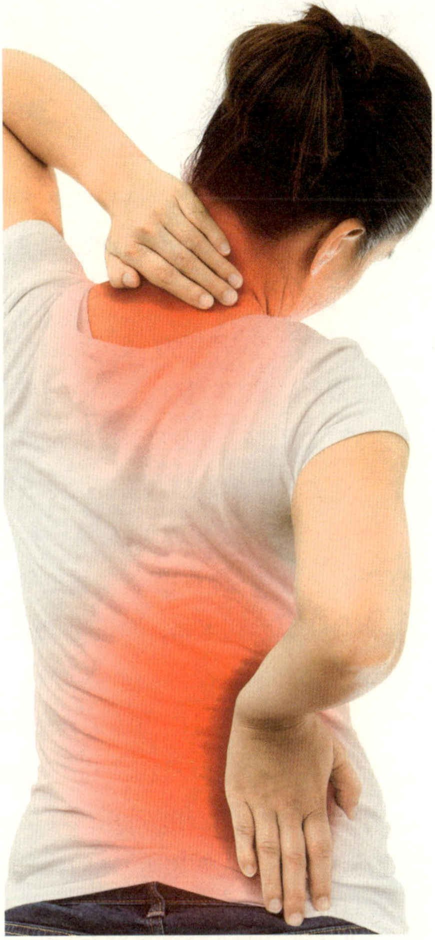

关节囊与关节软骨面所围成的潜在性密封腔隙叫关节腔。腔内含有少量滑膜液，使关节保持湿润和滑润；腔内平时呈负压状态，以增强关节的稳定性。

我们总认为只有身体活动时，关节和肌肉才会运动，很多人都不知道的是久坐或久站也会让关节和肌肉持续工作，即使这并没有直接活动身体部位。简而言之，关节和肌肉无时无刻不在各自使用着它们所具备的能量。

长时间维持错误的姿势，通常只会让某侧关节或肌肉因施力而变硬。例如患有脊柱侧弯的人一开始只有腰部的脊椎侧弯，但是时间一长，背部和颈部的脊椎也开始侧弯。这是因为人体所有关节都具有密切的关联性，人体动作需要靠关节之间传递能量才能完成好。而身体在无法保持平衡的情况下，造成姿势错误或施力不当，关节与肌肉受压便会失去原本的状态，从而引起疼痛。因此，在身体做伸展的时候，要先思考如何维持平衡再运动。动作进行期间，收缩或舒张的肌肉位置也全部不一样。

关节与肌肉的相互作用也可以用解剖学加以说明。骨头与骨头之间虽然有关节，但是骨头与骨头之间的连结还得靠肌肉紧紧抓住才行。若是肌肉没有好好发挥作用，进而产生错位的话，便是疾病初期症状的征兆。

关节疼痛？与韧带、肌腱和肌肉痛有关

导致关节疼痛的原因有很多，包括因关节活动过量而出现的疼痛。例如，进行瑜伽伸展时超过了身体极限，刺激关节中能够感受痛觉的细小神经，这时就会出现韧带、关节囊、肌腱、肌肉等各种不同部位的疼痛。

关节发炎时也会出现疼痛。关节炎是从软骨开始，当关节持续受冲击，软骨便会首先出现磨损，这是关节炎初期的症状；等软骨完全被磨损时，就会开始磨损骨头使其增生，这是关节炎末期的症状。

关节炎是日常生活中很常见的症状，例如当我们摔倒而让膝盖直接用力撞击地面时，可能会导致膝盖关节的软骨发生骨折；跳舞时关节被扭转，可能会使软骨破裂、韧带松弛或撕裂。而韧带上布满了细小的痛觉神经树突，只要稍微过度伸展就会感到疼痛。如果韧带被拉得太长，可能会同时发生撕裂和疼痛，如扭到脚踝就会出现脚踝韧带拉扯和疼痛。

一旦关节出现问题，支撑关节的肌群收缩能力也会随之下降，肌肉可能因衰弱而紧缩发生疼痛。

肌腱是肌肉的延伸，而肌肉连接至骨头的部位就是肌腱。当肌肉出现问题时，肌腱也会有问题。肌腱疼痛是因为覆盖在肌腱上的筋膜感觉到了疼痛，尤其是手指或脚趾部位布满肌腱的筋膜，只要受到轻微的刺激，就会感觉到疼痛，能有效地预防更严重的伤害。

相反，阿基里斯腱、肩膀旋转肌等组织，因为没有覆盖在肌腱上的筋膜，所以不容易感到疼痛，因此，这些部位在发炎初期不易察觉到疼痛，等到感觉疼痛时，病症已经潜伏在身体已久，需要花更长的时间治疗。

脊椎肌肉，维持身体平衡

人体有 600 多条肌肉，是身体相当重要的构造之一。肌肉维持骨骼的稳定性，让人体得以活动。在众多肌肉中，可分为支撑脊椎、肩胛骨、肩膀、骨盆等脊椎肌肉，以及协助手臂和腿部活动的关节肌肉。支撑脊柱的脊椎肌肉较小，而活动手脚的关节肌肉通常跨越两个关节，因此较大且长。

脊椎肌肉包括连接每一节脊椎的多裂肌、固定肩关节的肩膀旋转肌、稳固髋关节的小肌群等；而关节肌肉则包括二头肌（使手臂弯曲的肌肉）、股四头肌（挺直膝盖的肌肉）等大型且较长的肌肉。

虽然脊椎肌肉是维持姿势的重要肌肉，但因体积小，只要姿势稍有歪斜就非常容易受伤，一旦脊椎肌肉变脆弱，就会影响脊柱的排列，使身体失衡，若再加上不良的姿势习惯，就会使脊椎肌肉受到更大的压力，陷入恶性循环。

另外，运动时，脆弱的脊椎肌肉无力固定脊椎，以致身体严重摇晃，降低运动的竞技能力，并且容易受伤。因此，如果想做强化肌力的运动，一定要从脊椎肌肉做起。当基础稳固后，才能进一步强化关节肌肉。

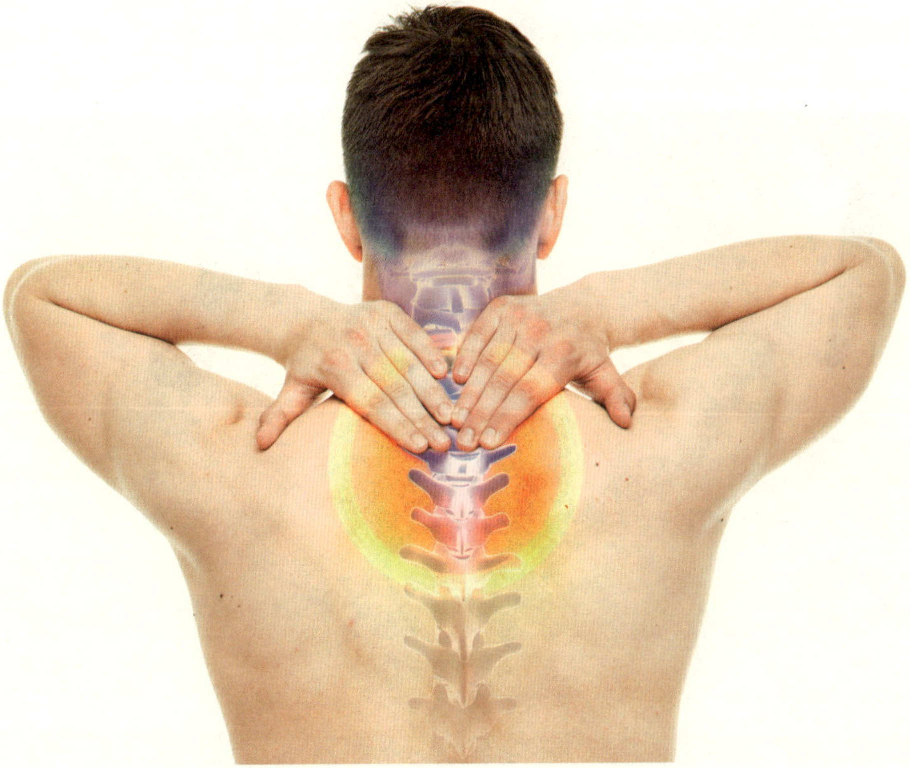

身体肌肉，越不用越脆弱

进化论里面说“用进退废”，指的是越不常用的东西就越容易退化，肌肉也不例外。我们身体有 600 多条肌肉相互连接，活动时会彼此相互影响。若某个动作需要同时使用两条肌肉，但平常很少使用其中一条时，身体就会很难完成该动作，甚至在活动时会破坏肌肉的平衡。

人是直立行走的动物，站立或行走是最自然的姿势。但现在很多人为了便利，基本上都以车代步；每天工作繁忙，基本上每天都坐在电脑前，姿势都没改变一个。这样一来，髂腰肌这条连接至骨盆的肌肉就会变得短且脆弱，导致站立或行走时腰部无法挺直，躯干会稍微往前倾。

不仅如此，膝盖也会变得弯曲。因为我们为了将腰挺直，而过度前弯脊椎，使得脚踝的弯曲角度变大，从而导致膝盖肌腱疼痛、脊椎关节疼痛、脚踝关节疼痛。由此可见，单凭“肌肉”问题就足以造成全身伤害。

不常使用肌肉群和年龄增长是肌肉退化的两大主因。例如习惯性使用坐式马桶，如果某一天不得不使用蹲式马桶将会感觉特别吃力。这是因为不经常使用某些肌肉，于是身体退化成无法做出该动作的状态。另外，随着年龄增长，人们的身体也在逐渐退化，这两者相乘，将使退化的速度急剧加快。因此，为了让身体肌肉稳固，平时应该适当地活动肌肉骨骼系统，锻炼肌肉，减少退化的速度。

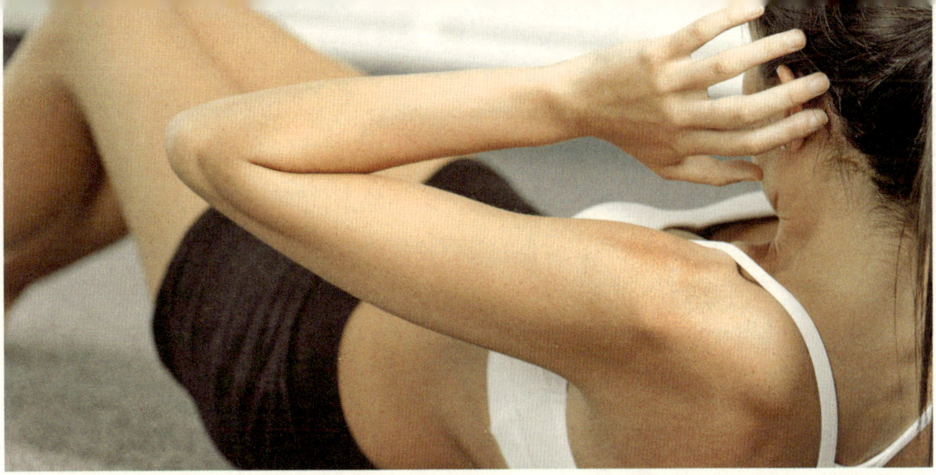

核心肌群，支撑脊椎保护脏腑

脊椎、腹部和骨盆是人体的中心，而腹横肌、多裂肌、骨盆底肌肉和膈是人体的核心肌群。

腹横肌是围绕在腹部的肌肉；多裂肌位于脊椎后侧，是连接每节脊椎骨的肌肉；骨盆底肌肉位于骨盆底部，用于支撑骨盆；膈则是呼吸肌肉，所谓的丹田呼吸就是运用膈。这些核心肌群最大的作用就是保护腹腔内的脏腑，并且支持脊椎，以便维持良好的体态，协助身体灵活运动。

腹横肌在这些核心肌群里是最为重要的，它包裹着脏腑，以维持脏腑的功能。当腹横肌变得衰弱时，就会发生腹部前凸与脏腑位置改变的问题。一旦脏腑的位置发生变动，就会影响脊椎而引发脊椎疼痛。

腹横肌还是人体活动时最先收缩的肌肉，其次是多裂肌、骨盆底肌肉和膈进行收缩，并稳固身体的中心。

骨盆底肌肉负责维持骨盆的稳定性，不但可以防止脏腑往下移，还能避免大小便失禁。

多裂肌连接脊椎，是固定住脊椎的重要组织，尤其是在躯干转动时，能抓紧脊椎，维持稳定。不仅如此，多裂肌还有支撑脊椎的功能，当它强韧坚固时，不但可以避免身高萎缩，还有增长身高的效果。简而言之，多裂肌是保护脊椎最重要的肌肉。

膈位于肺部和腹部之间，外形像降落伞。膈的主要功能是维持肺功能和腹压，与上述的其他三种肌肉同时作用。

然而，如今有许多人因为不良的生活习惯、错误的运动方式、肥胖、不爱运动等因素，导致肌群的功能衰退，身体无法维持适当的腹压，导致核心肌肉群也无法抓紧脊椎，引起一系列的骨头歪斜、关节错位、肌肉碰撞等各种身体疼痛，甚至引起脏腑功能退化，而出现许多脏腑隐患。

肩胛骨，上半身的中轴

肩胛骨和肩关节是脊椎以外身体的另一条中轴。肩胛骨连接躯干，肩关节则连接于肩胛骨上。当脊椎歪斜时，所有的关节也会跟着错位；同理，肩胛骨歪斜时，肩膀和手臂也会因为错位而引起疼痛。

肩关节与手臂活动有关。除了腰痛和膝盖痛，一般人也经常发生肩关节痛的问题。肩膀使用越频繁，疼痛也会跟着越多。所以日常生活中，为了稳固肩胛骨与身体的连接，就要加强肩胛骨肌肉的训练。这样至少能减少一半以上与肩膀相关的疼痛问题，也能缓解背部疼痛。

大腿健壮与否，决定下肢的健康

大腿肌肉由股四头肌（股外侧肌、股直肌、股中间肌、股内侧肌等四块肌肉）与大腿后侧肌肉群（股二头肌、半腱肌、半膜肌等三块肌肉）组成。大腿前后的肌肉会彼此取得平衡，主要用于屈膝再伸直时，以及髋关节前后左右弯曲再伸展时，还有转身时。

股四头肌之中被称为股直肌的长肌肉附在膝盖骨上，途经膝关节，一路相连至髋关节。后方的大腿后侧肌肉群也一样，始于肠骨，途经膝盖，一路相连至膝盖下方的胫骨。大腿肌肉会支撑臀部与躯干，并将能量传达至膝盖下方。日常生活中，通过运动练就的大腿肌肉群可以减轻腰部肌肉的负担，进而保护腰部。大腿肌肉也负责分散走路时或跳跃时，体重施加在膝盖上的垂直压力。因此，大腿健壮与否很重要，直接影响膝盖是否稳定坚固。

筋膜的异常导致身体异常吗？

筋膜是中医用语，指的是筋，附着于骨而聚于关节，是连结关节、肌肉的一种组织。筋性坚韧刚劲，对骨节肌肉等运动组织有约束和保护作用。筋膜不是各自独立活动，而是紧密相连，一起同心协力发挥作用。

筋膜的结缔组织不仅划分从头到脚的肌肉，也划分肌腱、骨头、血管、神经等所有器官。如果在日常生活中，因姿势不当引起筋膜压迫、拉扯或摩擦，就会导致膜与膜之间水分减少，结缔组织的支撑力、反应力及适应力就会变差。

如果经常感觉到肌肉僵硬、关节容易扭伤或压迫到关节，都是因为膜与膜之间缺乏水分。甚至在从事某项运动时，动作与动作之间所需的能量传递，有时也会因此中断，这样很容易对肌肉、骨头、韧带、肌腱造成伤害。通俗来说，若将结缔组织比喻成海绵，拧动浸满水的海绵时，海绵是柔软且有弹性的，但是拧动干燥的海绵时，海绵是会被拧破的。

另外，筋膜异常会削弱掌握身体状态的认知能力。除了实际需要活动到的肌肉外，同时也会大量运用到不必要的深层肌肉，让人容易疲惫且变得迟钝。简单地举一个例子：长时间低头使用手机，会导致颈部僵硬，颈部肌肉与筋膜会出现异常信号，若是放任不管，一段时间后就会演变成颈部疼痛，长期下去，颈部再出现异常就很难察觉到，只有感觉到疼痛才会发现颈部出现问题了。

只要放松及舒缓筋膜，就能解决筋膜的异常现象及不平衡的问题。此时可以做做伸展操，并在肌肉上施加压力，这样刺激肌肉的效果会更好。

身体各部位常见的疼痛症状

肌肉	肌肉痛、肌肉紧绷、肌筋膜疼痛综合征、肌肉破裂、紧张性头痛
关节	僵硬、退化性关节炎、类风湿性关节炎、痛风、五十肩（脊椎、肩膀、手肘、手腕、手指、臀部、膝盖、脚踝、脚趾）
肌腱	肌腱炎、肩膀旋转肌肌腱炎、网球肘与高尔夫球肘（手肘内外肌腱炎）、手腕肌腱炎、扳机指、臀部肌腱炎、鹅足肌腱炎、膝盖肌腱炎、阿基里斯腱炎、腓骨肌肌腱炎（脚踝外侧肌腱炎）、胫后肌肌腱炎（脚踝内侧肌腱炎）、脚趾肌腱炎、脚底肌腱炎、肌腱破裂、肌腱周围炎（腱鞘炎）
滑膜	滑膜炎（肩膀、膝盖、臀部、脚踝、脚后跟、手腕、手指）
软骨	肩关节唇撕裂、手腕三角纤维软骨破裂、膝盖软骨破裂、膝盖软骨软化症、软骨盘破裂、脚踝软骨破裂
韧带	韧带破裂（脊椎、肩膀、手肘、膝盖内外侧韧带、十字韧带、脚踝内外侧韧带）
骨头	骨折、后遗症、关节硬化、软组织硬化、复合性局部疼痛综合征
脊椎	椎间盘突出、椎间盘破裂、退化性椎间盘、脊椎狭窄症、脊椎前滑症、脊椎侧弯、脊椎关节炎
神经	坐骨神经痛、腕隧道综合征、足隧道综合征、末梢神经炎、类风湿性疾患、类风湿性关节炎、痛风、纤维肌肉疼痛综合征、僵直性脊椎炎

切忌过度依赖止痛药

是药三分毒，无论什么样的药物，都含有一部分对人体无益甚至有害的物质。生活中难免磕磕碰碰，或重或轻都会引起疼痛。对于难以忍受的疼痛，我们可以使用止痛药来缓解，但是也不可以过度依赖。过度依赖止痛药有以下缺点：

1. 掩盖病情	未经医生诊断之前滥用止痛药，虽然可以减轻疼痛，但有可能掩盖了疾病特有的症状，影响医生的判断，延误病情
2. 毒性反应	长期大量服用止痛药，可能会导致出现头痛、耳鸣、视力下降、血压下降等症状，甚至会导致昏迷。除此之外，止痛药还会导致过敏，对胃肠道也有一定的影响
3. 对胎儿发育有影响	如果在孕期中经常大量服用止痛药，可能会导致胎儿发育不正常，甚至会导致畸形。长期服用止痛药可能会引起血液系统的疾病，导致血小板减少，进而不能及时止血
4. 导致肾功能不全	止痛药抑制了前列腺素合成，导致肾功能不全和间质性肾炎。止痛药引起的肾功能不全已占药物引起肾功能不全的37%，其中消炎痛制剂引起的肾损伤占大多数
5. 产生抗药性	身体内细胞可能会对止痛药产生抗药性，导致以后吃止痛药都达不到止痛的效果。而一些高效的止痛药，长期使用容易成瘾，对其产生依赖性

疼痛是很多疾病的共同症状，不少疼痛患者习惯去药店买止痛药自诊自疗。止痛药不是不可以服用，只是服用的量要控制好，如果不是很难忍受的话，就尽量不要使用。但是如果疼痛比较严重，最好及时就医，以免延误病情。

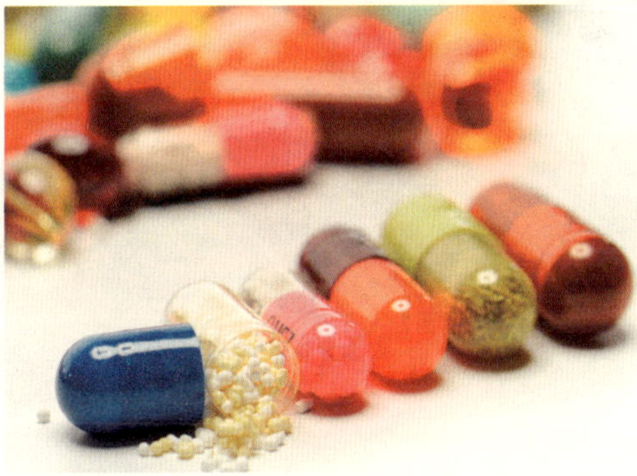

拉筋，缓解疼痛的有效方法

拉筋是一种简单有效的大众养生保健方法，只需要用自己的身体做出各种动作，或是用手掌对症拍打相应的疼痛部位，就能达到缓解疼痛的功效。

拉筋：筋拉一寸，寿延十年

什么是筋？

筋，大多看不见，它附着在骨头上，起到收缩肌肉、活动关节和固定的作用。人之初，婴儿之体分外柔软就是因为他们的筋腱十分柔软，筋软则经络畅通、气血充盈，显示着生命活力。随着年龄的增长，体内之筋开始收缩，四肢也随着逐渐僵化。轻度的筋缩，步伐开不大，双脚不能提升至 90° 以上的搁腿位置；过度的筋缩可引致腰痛、背痛、腿痛及脚跟的筋常有放射性的牵引痛或麻痹。

拉筋活动之所以重要，是因为它是一种“生命回归的锻炼”。所谓“生命回归”，即是返璞归真回到婴儿时期。

筋缩危害大，生活中常见的筋缩现象

在中医古籍中，筋症被分为筋断、筋走、筋弛、筋强、筋挛、筋萎、筋胀、筋翻及筋缩等。筋是中医的旧称，西医统称为肌腱、韧带、腱膜等；缩，有收缩和痉挛的意思。简单来说，筋缩就是筋的缩短，因而令活动受限。

在我们的日常生活中常会出现以下筋缩现象：

脖子动不了	当人们发现自己做出低头、摇头或扭头等动作有困难时，这大多是筋缩导致颈部肌肉紧痛，此时应多做做拉颈筋的动作
转身困难	许多从事办公室工作的上班族往往会发现自己转身困难，这是因为他们长时间在办公桌前保持固定姿势，导致身体僵硬而出现筋缩
弯不下腰	要检验自己有没有筋缩症状，可以试试自己能不能弯下腰来。一般来说，筋缩患者常常感觉腰背疼痛，弯腰拾物有困难
手不能伸屈	生活中的很多事常会用到手，如果手不能伸屈，会给生活带来极大的不便。在平时生活中要注意多拉手筋
蹲不下来	不能下蹲的筋缩症状往往出现在老年人身上，但随着现代生活中运动的逐步减少，一些缺乏运动的“宅男”“宅女”身上也会出现不能下蹲的筋缩症状
腿抬不起来	有些人能一步跨过好几个台阶，而有些人却连上一个台阶都困难，抬不起腿来，这就是筋缩的症状，平时应多注意拉腿筋
密步行走	生活中有不少人小碎步行走，这可能是因为筋缩导致步伐开展不大，只能小步行走。此时就要多拉腿筋
腿横跨不了	要想知道自己有没有筋缩，不妨试着蹲蹲马步。如果发现腿不能横跨，即两腿张不开，这就说明你筋缩了，需适当拉筋恢复身体柔韧性
长短腿	有些人天生就一条腿长一条腿短，即“长短腿”，然而有些人是因为筋缩导致“长短腿”，不得不一瘸一拐地走路。此类人应注意拉筋锻炼，以改善“长短腿”症状

另外，爱运动的人也会筋缩。我们常常会看到一些运动员为了挑战生理极限，做出剧烈的运动，因此时常发生肌腱拉伤的事情。因此，多数人认为经常运动难免会拉伤肌腱，但却不可能筋缩。其实这是一种错误的观点，即使一个人几十年来经常进行体育锻炼，他也还是有可能会出现筋缩症状。这是为什么呢？

这些爱运动的人要找到筋缩的原因，首先要问自己三个问题：运动前是否先做热身运动？如何做的热身运动？是否认真做了拉筋舒展运动？

对于那些经常运动的人来说，他们会认为自己筋骨活络，因而常忽视了运动前的热身运动，只是随便活动手脚、挥挥手臂，几分钟便了事。更有甚者，运动前根本不做热身运动。这样根本达不到舒活筋骨、增加身体的柔韧性、减少运动中对身体的意外损伤概率的功效。长期如此，即使是长年运动，体内的筋也得不到有效的拉伸，便会出现筋缩的症状。因此，在做热身运动时要尽量激活全身肌肉，避免进行单调重复的热身运动，使得某些部位频繁运动，却导致其他部位不能平衡。

当人体筋缩后，可能导致腰背痛、腿痛及麻痹等症状，严重者还会导致“长短脚”。如果你发现一些人的站立姿势很特别，如屈膝、屈髋、胸部微微向前倾，臀部则微微向后，不能站直，走路时步伐无法开展，这就是典型的筋缩症状。

拉筋益处大，常拉健康在

中医学认为，人体结构一旦失去平衡，就可能在不平衡的地方产生酸、麻、胀、痛等现象，而这些酸、麻、胀、痛其实是一种信号，表明人体某些器官功能的衰退，表示着筋肉、骨骼结构平衡的紊乱，也就是筋肉、骨骼结构上出现了不平衡。筋肉、骨骼结构平衡紊乱后，势必影响经脉和五脏六腑的正常结构与功能，临床上早期表现出各种不适的亚健康状态。

因此要改变或者摆脱我们的亚健康状态，就要使筋肉、骨骼结构恢复平衡，从而使机体结构达到上下平衡、左右平衡、阴阳平衡、五行平衡，使五脏六腑的功能

达到最佳状态。人体结构只要平衡，就没有所谓“病”的症状出现，也就使人体恢复了健康状态。任何病变都是有征兆的，人们只要对身体出现的一些如心悸、胸闷、失眠、虚汗、气短、眩晕等亚健康状态加以重视，并通过拉筋等方式来舒筋活络，保持体内的气血畅通，就能够达到中医“治未病”的目的。

“筋长一寸，寿延十年”。要想通过拉筋等舒筋活络的方式来防病治病，首先要善于识病。也就是说，经筋诊断可依身体整体结构的变化，再论局部机体后续的延伸；亦可直接以四肢末端论整体结构，至整体的病因病理；任何病变在身体的某一部分都有明显的线索可以遵循，且其线索均有相对应的线索存在。因为身体结构为求平衡，在对应的地方产生了所谓的代偿作用（病因），而在两相对应的中间形成压力（自觉不适）。辨明病因之后，通过采取相应的舒筋活络方法，往往能达到“手到病自除”的功效。

拉筋的好处你都知道吗?

与众多压腿、武术、舞蹈等具有拉筋功效的动作相比，拉筋的适用面更为广泛，更容易普及，而且拉筋时间和强度可自己掌握，不易拉伤，安全指数较高。而与其他中医外治法相比，拉筋简单易学，不需要严格的辅助工具，能广泛普及，并能让任何人借此生动地体会中医和经络的原理、疗效，是中医历史上的一大进步。

此外，现代人的各种亚健康状态可以通过拉筋的方式来改善，减少不适症状的发生。不过，以下拉筋的这些好处你都知道吗?

扩大活动范围

通过对某个身体部位的伸展，可以拉长这一部位的肌肉长度，因此能降低肌肉张力，并扩大拉伸部位的正常活动范围。身体部位的活动范围一旦扩大，四肢肌肉和肌腱就不会像之前一样容易受伤。身体部位活动范围扩大后，拉伸部位会感觉更舒服，活动更自如，肌肉和肌腱拉伤的概率会变小。

增加肌力

“做太多伸展运动会丧失肌力，关节也会不稳定”。其实这种想法是不正确的。

增加肌肉长度，就能增加肌肉自如收缩的距离。换句话说，类似拉筋伸展可以增加肌力，运动能力会因此变强，身体的动态平衡力会变得更好，控制肌肉能力也会得到改善。

减轻运动后的肌肉酸痛

大家应该有过这样的经历，很久没有运动，第一次去健身或运动后，隔天会觉得肌肉紧绷、酸痛、僵硬，往往连下楼梯都有困难。剧烈运动后的这种肌肉酸痛，通常称为“运动后肌肉酸痛”，这种酸痛是由于肌肉组织的细微破裂（肌纤维内的微小组织破裂）以及乳酸等废物堆积的后果。拉筋伸展可作为有效的缓和运动，通过延展肌纤维、促进血液循环及排除废物来减轻酸痛。

减轻疲劳

疲劳是每个人都有的问题，特别是有运动习惯的人群，它会降低我们的体能及脑力表现。持续做拉筋伸展可以增加柔软度，进而减轻负责运作的肌肉（主动肌）所承受的压力，达到预防疲劳的目的。

治病诊病

拉筋不仅能促进睡眠，还能防癌、抗癌、促进全身气血循环，使人返老还童、延年益寿，并可普遍改善各种慢性病症状，如高血压、糖尿病、心脏病、气喘、肾病、肝病、肩周炎、失眠、心情烦躁、气血循环不良、新陈代谢变缓等。拉筋不仅能治疗一些病症，还能诊断某些疾病。如拉筋时膝痛而不直，则定有筋缩症，肝主筋，筋缩则说明肝经不畅，脾胃相应地也不太好，因肝属木，脾属土，木克土；如果胯部、腘窝痛说明膀胱经堵塞，腰有问题；膀胱与肾互为表里，共同主水，膀胱经不畅则肾经易不通畅，浮肿、肥胖、尿频、糖尿病等皆与此相关。

加强肾功能

拉筋可打通背部的督脉和膀胱经，督脉是诸阳之会、元气的通道，此脉通则肾功能增强，而肾乃先天之本、精气源泉，人的精力、性能力旺盛都依赖于肾功能的强大。

提高身体代谢

拉筋时身体伸展会使基础代谢的效果提升，还能帮助淋巴循环增强，有效消除水肿，使身体线条变得更柔美。

疏通十二经脉

十二经脉的走向与十二经络相同，故筋缩处经络也不通，不通则痛。这是因为在拉筋时，人体的胯部、大腿内侧、腘窝等处会产生疼痛感，这是筋缩的症状表现，表明相应的经络不畅。而通过拉筋，可使僵硬的部位变得柔软，增强人体柔韧性，腰、膝、四肢及全身各处的痛、麻、胀等症状因此得到减缓或消除，重回“骨正筋柔，气血自流”的健康状态。

你不可不知的拉筋分类

从我们大部分人对拉筋的认识来看，拉筋作为健身运动前热身的一种方式，能够有效地防止肌肉拉伤。正确的拉筋方法能使身体的血液流畅，达到自愈和诊断身体的目的。

这里所说的拉筋，并不只是我们生活中所理解的狭义上的运动前热身的拉筋，而是通过调整经筋结构平衡，以舒筋活络的方式来防病治病的一类方式方法的统称。

按拉筋时的状态可分为静态式拉筋法和动态式拉筋法；按拉筋时形式的不同，可分为肌肉拉伸（伸展）拉筋法、经络松筋法、经络瑜伽等，其中肌肉拉伸（伸展）拉筋法即为我们俗称的“拉筋”。下面详细介绍静态式拉筋法和动态式拉筋法。

静态式拉筋法

其中静态式拉筋法又分为静态拉筋、被动式拉筋和主动式拉筋。

静态拉筋	通过某种拉筋姿势，让想要伸展的肌肉（或肌群）受到一定的延展压力。不管是拮抗肌群或主动肌群，都处于放松状态，然后再对要伸展的肌肉（或肌群）施加压力，接着保持这种姿势一段时间，让目标肌群获得伸展
被动式拉筋	这类拉筋法与静态拉筋非常相似，但需要有同伴或辅助器材帮忙。由于有外力介入，肌肉受力较大，因此这类拉筋法的风险也比静态拉筋法略微高些，所以必须慎选结实稳固的辅助器材
主动式拉筋	这种拉筋法是运用相反肌肉（拮抗肌）的力量，来伸展目标肌群（主动肌）。相反肌肉的收缩可以帮助主动肌放松，最典型的一个动作是把单脚往前尽量抬高，在没有同伴和器材辅助下保持这个姿势一段时间

动态式拉筋法

动态拉筋法指的是牵涉到动态动作的一类伸展运动。运动者不再是停留在某一个动作上面，而是采取摆动或跳跃的动作，借此延展肌肉或扩大关节的活动范围和柔软度。

动态拉筋法又分为弹震式伸展、动态伸展和单一肌群主动伸展。

弹震式伸展	弹震式伸展是利用快速摆动、弹动及反弹产生的动力，迫使身体部位超越平常的活动范围。这是一种过时的伸展法，可能产生的危险超过其好处，选择其他的动态伸展方式可以达到更好的伸展效果
动态伸展	动态伸展运用克制或温和的弹动或摆动动作，让特定的身体部位达到其活动范围极限。这种伸展法会逐渐增加弹动或摆动的力道，但动作绝对不能急遽猛烈或失控
单一肌群主动伸展	单一肌群主动伸展法简称 AIS，可以将想要伸展的肌群单一隔离定位，进行两秒钟的伸展。方法是收缩拮抗肌（即相反的肌群），迫使被伸展的肌群放松。卧位拉筋法、立位拉筋法、颈位拉筋法、蹲式拉筋法从其命名来看则相对容易理解得多。 卧位拉筋法是拉筋法中相对最安全的一种，这种拉筋方式是借助于拉筋凳，相对来说是比较牢固的，所以这种拉筋的方式最适合老年人拉筋。蹲式拉筋法是最古老的自然拉筋法，其拉筋的部位之多甚至超过了卧位拉筋法

拉筋的注意事项

任何的治疗或保健方法或多或少都有一些细节需要我们加以注意，从而达到更好的效果。拉筋时也要注意一些小细节，以免因小失大，不仅没有锻炼出健康，反而损害了自己的身体。下面这些拉筋的细节就要多注意了：

拉筋前做点热身小运动

我们都知道在进行跑步、游泳等运动前要进行热身，以舒活筋骨、增加身体的柔韧性，减少运动中对身体的意外损伤概率。因此，在做拉筋前也需要进行一些热身运动，如小跑、甩甩手脚、左右转动身体等，目的在于使体温增加，使肌肉与肌腱处在备战的状态，从而提高拉筋的功效，减少不当拉筋而受伤的机会。

运动前后都要拉筋

多数情况下，人们只记得运动之前要拉筋，而当运动后身体疲倦时只想着休息，却忽略了运动后的拉筋。在运动之后，虽然肌肉酸痛，可是仍然须再缓和地做一次拉筋，如此可使肌肉纤维重新调整，缓解疲劳的速度加快，再进行下一次运动时肌肉的条件也会更好。

拉筋时再痛也要注意呼吸

对于刚刚开始拉筋的人来说，在拉筋时出现疼痛的现象较为常见，但要注意忍耐，注意调整呼吸，不要暂停呼吸，应该缓慢并要深深地呼吸。因为暂停呼吸或屏气呼吸的行为容易使负氧状况加重，导致拉筋动作不协调，从而提升了拉筋受伤的概率。

拉筋时要学会使用巧劲

拉筋的目的之一，是利用肌肉肌腱的弹性及延伸，刺激肌肉梭神经及肌腱感受小体的神经讯息，而逐渐增加伸展的潜力及忍受力。因此，无论是律动式或固定式的拉筋，动作都要缓慢而温和，千万不可猛压或急压，尤其忌讳在拉平常拉压不到的筋时，一些人为求速成而猛烈地急压，或让别人施加外力帮忙，容易因用力不当，拉伤肌腱，对人体造成伤害。

别只针对一个肌肉群拉筋

有些人拉筋时只喜欢拉手筋，或是只做拉脚筋的运动，这样就会导致只有一个肌肉群运动，可能影响人体结构的平衡。对于同一动作，常有许多肌肉共同组成相同功能的群体，协同地完成。这些肌肉多位于不同的解剖位置，可能就需要靠不同的拉筋动作，才能一一地伸展到。除了协同肌，方向作用相反的拮抗肌也必须对等地拉伸。如果拉筋时遗漏了某个协同肌，某一些极限动作便可能完不成而受伤；如果拮抗肌没有得到相应的伸展，则在肌肉强烈收缩时易失去平衡，也会使之受伤。

疲劳状态下不要拉筋

有的人喜欢在疲劳时拉筋，认为这样能够舒筋活络，有助于恢复精神。其实不然，拉筋时会消耗体力，如果在疲劳状态下拉筋，容易使疲惫不堪的身体“雪上加霜”，不仅不能恢复精神，反而可能导致肌肉拉伤。

拉筋宜“酸”不宜痛

拉筋是一个循序渐进的过程，不能使用猛力拉筋，以免拉伤肌腱。人们拉筋的程度以感觉有点“张力”或“酸”为宜，绝对不能一下子就到“痛”的程度。拉筋时产生“张力”或“酸”的感觉，是肌肉感觉神经元正确地反映出拉筋的成效，但一旦拉筋到“痛”的感觉，便十分接近受伤的程度了，此时如果再继续拉筋，就可能造成关节和肌肉活动范围过大，容易导致自身的伤病。

拉筋的常见问题

每个拉筋动作要保持多久?

这是争议性最大，也最众说纷纭的一个问题。有些人会说保持 10 秒就够了，其实 10 秒只够肌肉放松并开始延展，要对柔软度有帮助，至少每个拉筋动作要保持 20 ~ 30 秒才可以。拉筋要做得深入，必须视个人是否有经常运动的习惯或从事的运动类型而定。对于想增进健康及体能的人而言，每个动作只要保持 20 秒就足够了；然而，对于从事激烈竞技性运动的人，每个动作至少必须保持 30 秒，然后延长到 1 分钟以上。

每个拉筋动作要重复多少次?

每个肌群需要做多少次拉筋动作，这也必须视个人是否有经常运动的习惯或从事的运动类型而定。比如说，初学者应该伸展每个肌群 2 ~ 3 次；如果是从事激烈竞技性运动的人，就必须伸展每个肌群 3 ~ 5 次。

每次拉筋的时间要多长?

初学者每次练习时间 5 ~ 10 分钟就够了，但专业运动员就可能要长达 2 个小时。若是介于初学者及运动员之间的人，可依自己程度调整时间长短。进行拉筋伸展时要有耐心，没有人能够在两三星期内就柔软度大增，所以不要期待拉筋会带来奇迹般的效果。眼光要放得长远，有些肌群需要至少三个月的密集拉筋才能见到成效，所以拉筋要持之以恒。

拉筋应从身体的哪个部位开始?

没有资料显示，拉筋必须依循哪些特定的步骤。一般建议从坐姿式的拉筋入手，因为采取坐姿练习，受伤概率较小，等身体适应后，再接着练习站姿式拉筋。最简易的做法是从脚踝开始拉筋，然后往上进行到头部，或是反方向进行也可以。只要能伸展到所有主要肌群及作用相反的肌群，采用哪种方式都无所谓。

按摩松筋，拉筋的辅助疗法

腰椎

腰腿疼痛主要是因为经络中气血受阻、流通不畅造成的，按摩对调节肌肉、疏通经络都有很好的疗效，所以对此病的治疗，主要就是针对第 3 腰椎及其附近的肌肉进行按摩。

1. 滚擦腰部

按摩者使用拳头沿着患者第 3 腰椎两旁的肌肉来按摩背部。患者趴在床上，按摩者站在患者身体一侧，将自己的拳头松握，沿着患者腰椎一侧的肌肉由下到上地缓慢进行滚动，上下往返摩擦，另一侧以相同方法滚擦。

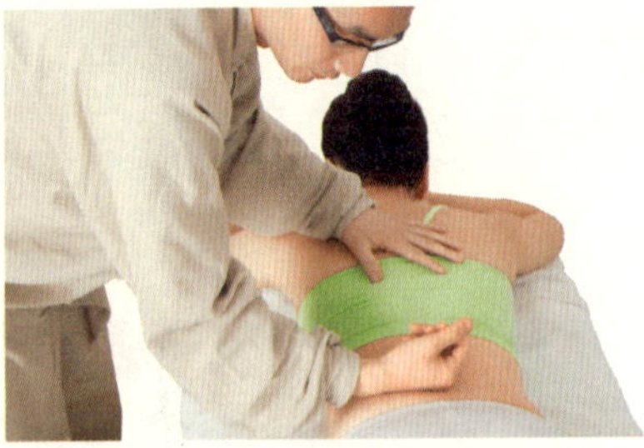

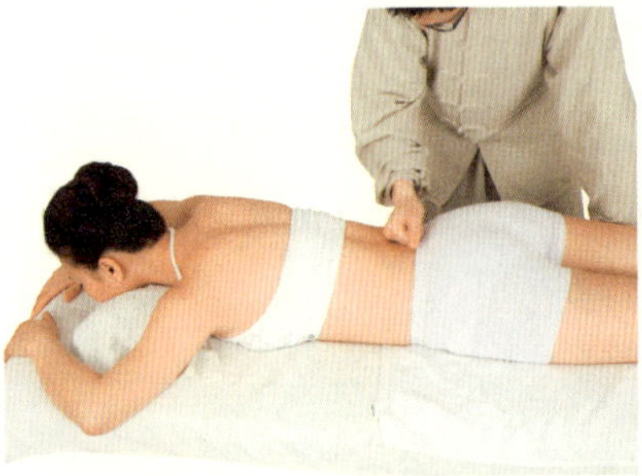

2. 敲按横突处

患者取俯卧位，上半身挺直，肩部后张，按摩者双手握拳，以双拳指背着力，对准第 3 腰椎横突处轻轻敲打，开始时力道要轻柔，然后慢慢加重。敲打过程中会伴随酸胀感，所以要以患者能承受的力道进行敲打。

3. 两指捏法

两指捏法起到舒筋通络、行气活血等作用，利用该方法对第 3 腰椎横突附近的肌肉进行放松，可改善肌腱的挛缩。操作时，患者站立或俯卧，按摩者用拇指指腹和中指中节桡侧面相对用力，将肌肉提起，做一捏一放的动作。

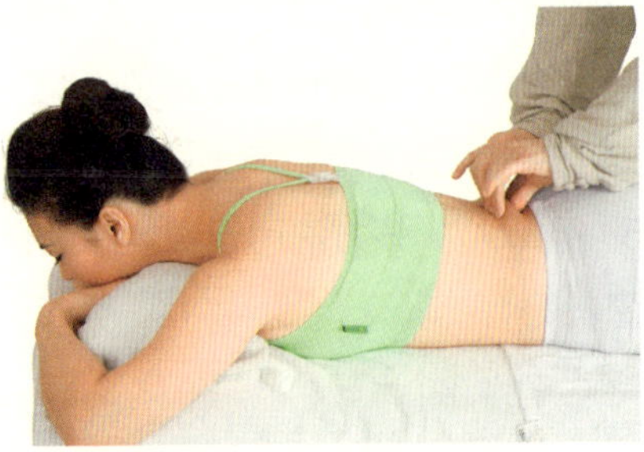

椎间

临床医学证明，按摩松筋是防治腰椎间盘突出症的较好方法，也是传统防治方法之一，但在按摩时要注意根据患者病情发展的不同阶段，使用不同的按摩手法。

1. 腰间推法

此方法用于腰椎间盘突出症的急性发作期，力道不能太重。患者俯卧，推拿者站在患者身体一侧，一手扶住患者的肩膀起固定作用，另一只手手臂伸直，用手掌根作用于疼痛部位，轻轻推按疼痛的腰椎周围。

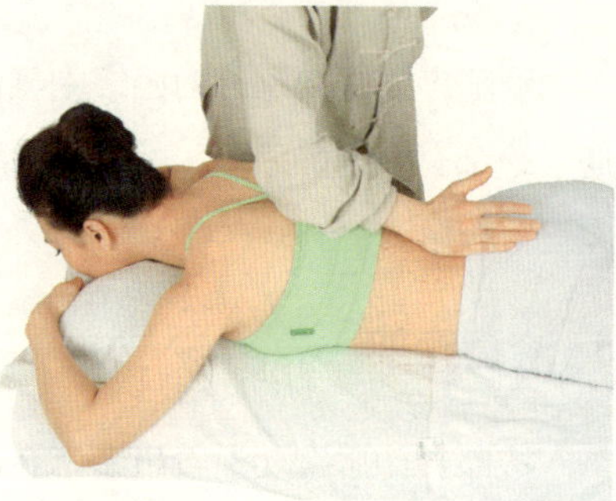

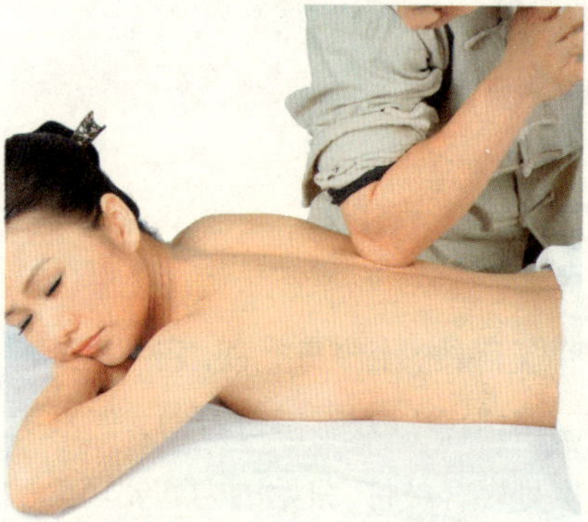

2. 肘压法

肘压法适用于腰三、腰四节段的椎间盘突出患者。患者俯卧，推拿者位于患者一侧，一手臂屈肘，将肘尖放在患者腰三节段以上的位置，手臂上部垂直于患者的腰部，推拿者上身微倾，以适当的力量用肘尖按压疼痛部位。

3. 腰椎按摩

患者取俯卧位，全身放松，可用枕头分别垫在胸部和骨盆下，推拿者双手叠加，用手掌心按压患者的腰椎部位，此时患者处于憋气状态，然后换气放松，反复进行 5 ~ 10 次。该方法用于腰椎间盘突出症患者的治疗期。

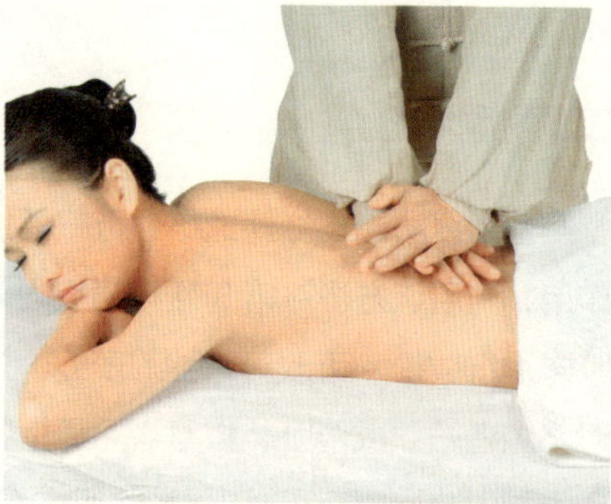

脊椎

腰椎骨质增生症在中老年人中比较常见，这是因为人体脊柱随着年龄的增长进行自我调节，在腰部受到扭伤、身体受冷等情况下就会导致腰椎骨质增生。

1. 手掌按压法

患者俯卧趴在床上，推拿者站立在患者身体一侧，双臂伸直，双手掌握住患者腰际两侧，大拇指在上，双掌根着力于疼痛区域，然后上半身前倾，施加全身的力量于掌根进行按压，力道根据患者的承受能力来调整。

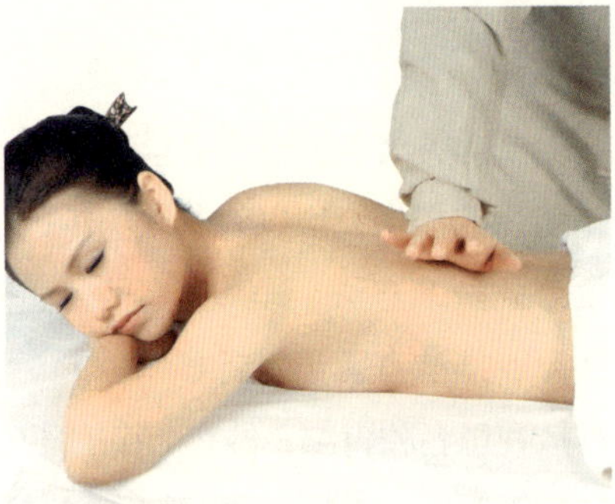

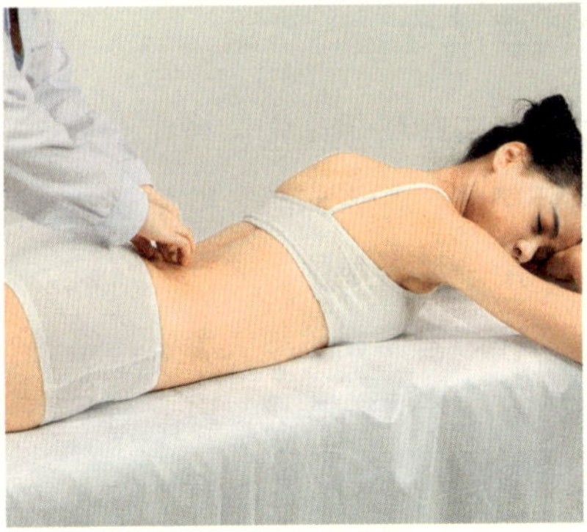

2. 三指拿捏法

使用该方法时，患者取俯卧位，推拿者用双手拇指指面顶住患者腰背部的皮肤，然后用食指和中指在前按压，三指同时用力提拿肌肤，双手交替向前移动。

3. 腰椎按摩法

患者俯卧，双腿伸直，使腰椎伸展。推拿者站在患者身体一侧，一手放在患者疼痛侧的大腿根部，将腿部抬起，另一只手按在腰椎处，在抬起大腿的同时按压腰椎，反复施力，左右腿交替进行，不可用力过度。

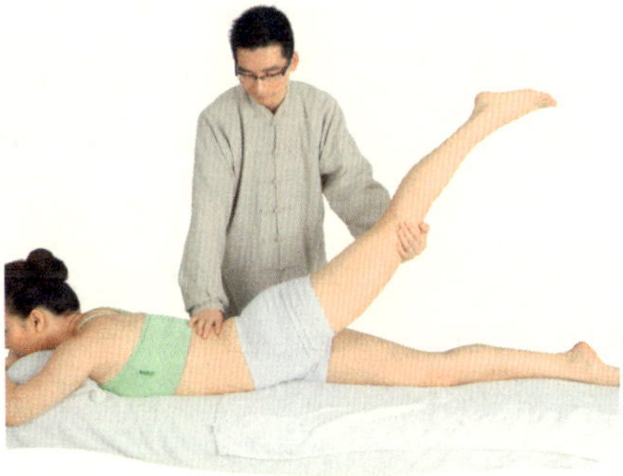

关节

中老年人很容易患上腰椎骨关节病，这主要是因为骨关节会随着年龄的增长发生变化，所能承受的压力降低，再加上骨质增生、韧带松弛等原因，都会促使腰椎骨关节病的形成。

1. 掌摩腰臀法

骶髂关节的损伤大多会同时带有腰臀部软组织的损伤，所以对其软组织的治疗也是治疗此病的方法之一。患者俯卧，双臂枕于头下，推拿者置于患者身体一侧，将一手手掌放在患者腰臀部，做有节律的环形摩动。

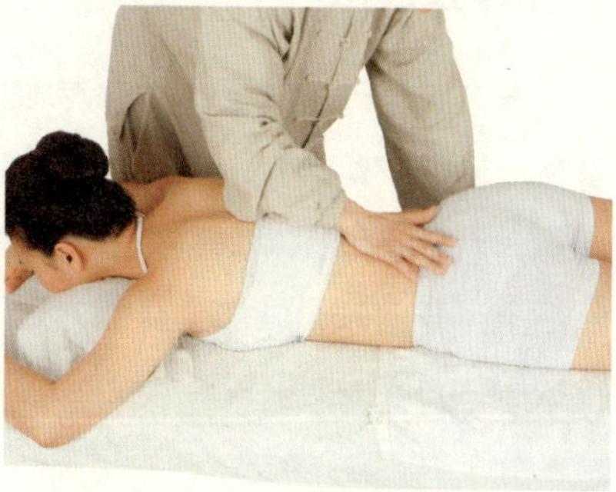

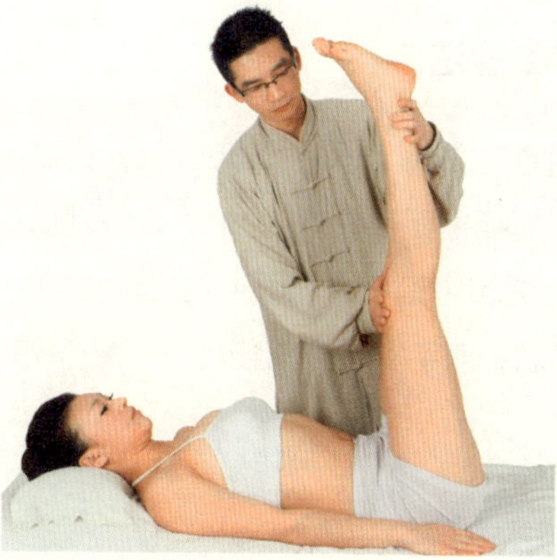

2. 仰卧摇腰法

该方法用于腰椎不稳定、骨质增生、移位综合征患者。患者仰卧，推拿者站在患者身旁，用一只手握住患者两只脚踝，另一只手放在患者微屈的膝关节上，将患者抬起的双腿进行左右摇晃，以此活动腰部和髋部，重复 10 ~ 20 次。

3. 屈曲加压法

上述动作无不良反应者继续此动作。患者仰卧，抬起健侧的腿屈曲髋关节和膝关节。推拿者用一只手扶住患者抬高腿的踝关节，另一只手扶住患者的膝关节并旋转，然后用力按压膝关节后立即放松，反复 10 ~ 20 次。

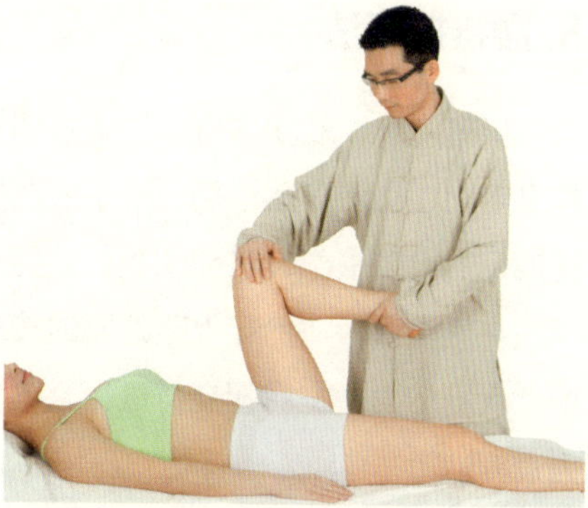

腰肌

对于腰肌的按摩可以有效地缓解棘上韧带损伤，该病症在很大程度上是由于突然负重扭伤腰部，或长期弯腰使腰部负担加重造成的，当棘突从韧带上撕裂或脱离的时候就会出现腰部及下肢的疼痛酸软，以按揉为主的按摩方法可以有效地缓解。

1. 掌击法

通过对腰腿部的轻轻敲击，刺激棘上韧带，可活血化瘀。患者可站立或取俯卧位，推拿者双手手指自然并拢，双臂伸直，用掌根部进行击打，掌击顺序是由上到下，由腰部到腿部，每个部位击打到皮肤发热为止。

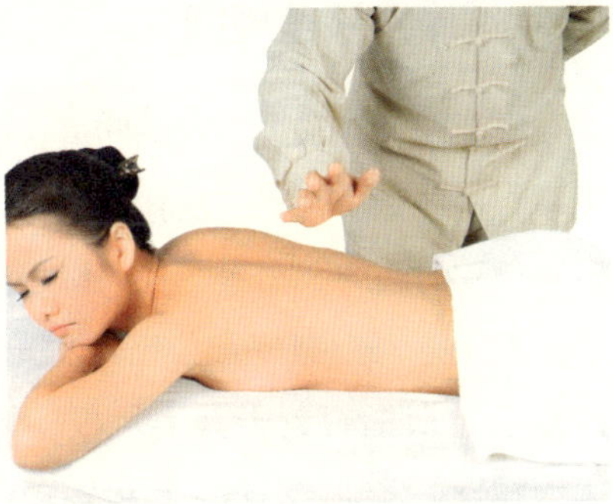

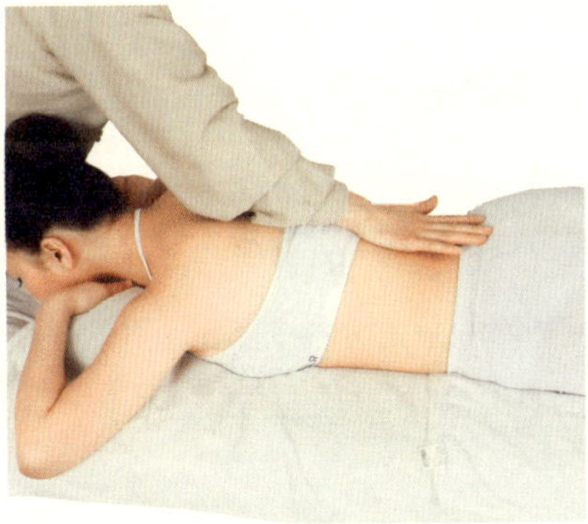

2. 按揉法

患者取俯卧位，推拿者双臂伸直，一手扶住患者的肩部起固定作用，一手手指并拢，用手掌在腰背部疼痛部位进行轻缓地按揉。

3. 韧带伸展法

患者俯卧，头向下，双上肢放在身体前侧。推拿者站立患者头前，双手拇指抵住腰部，掌根部放在疼痛腰椎节段的两侧，双手对称地对腰椎部位柔和地施以压力，进行按压，随后立即松开，每次加压时较前次力度逐渐增加。

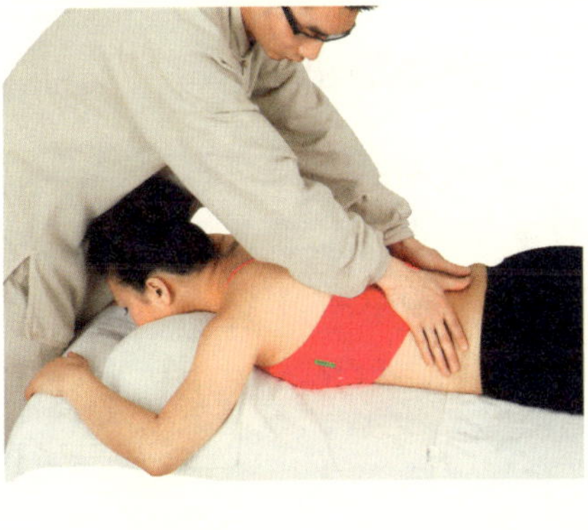

膝盖

膝盖的疲劳可以通过他人或自己对膝盖周围的肌肉摩擦揉捏等方式来缓解，但是要注意有些情况是不能按摩的。这些情况包括：膝盖本身在发痛；膝盖有肿胀或发热的情况；有积水或积血的浮肿现象；膝盖完全无法弯曲。

1. 手掌摩擦膝盖周围

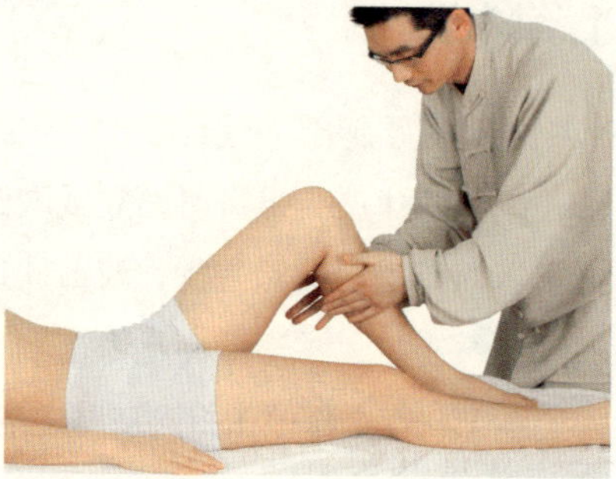

患者仰躺在床上，双腿伸直。按摩者用手掌包覆住整个膝盖，从膝盖下方向上方轻轻摩擦，时间约 2 分钟。还可以用拇指搓揉膝盖周围：患者躺在床上，膝盖微微弯曲。按摩者将拇指腹置于其半月板和周边骨头（大腿骨）之间，沿着半月板轻轻搓揉 1 分钟左右。

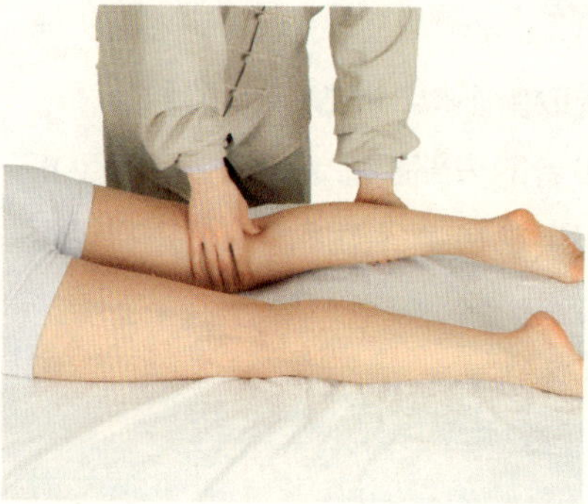

2. 伸直下肢时的按揉

患者趴在床上，下肢伸直。按摩者用拇指指腹抵住膝窝内侧的肌肉，以轻微的力道，用画圆圈的方式慢慢按揉 5 ~ 6 次。膝盖外侧的肌肉也以同样的方式按摩。

3. 弯曲膝盖时的按摩

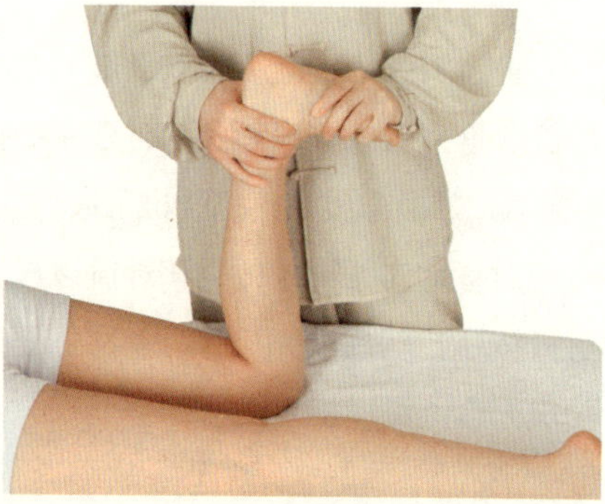

患者俯卧，膝盖弯曲。按摩者先扶握住患者脚背，然后抓起膝窝处的肌肉，静止大约 5 秒钟后放开，重复做 5 次，再手握脚踝进行左右摇动。

韧带

棘间韧带损伤有急性和慢性之分，急性多是因为腰部突然承受重力或暴力所造成的，这种情况下并不适合使用按摩疗法，这里介绍的手法主要适用于慢性棘间韧带损伤的患者。

1. 棘间按摩法

患者俯卧，双上肢放在下巴下面。推拿者站在患者身旁，一只手手掌根部放在疼痛部位，另一只手掌压在该手掌之上，上身前倾，双臂伸直，双手掌缓慢向腰椎一侧施压。本法适用于医生，患者在家使用时要注意力道，遵循医嘱。

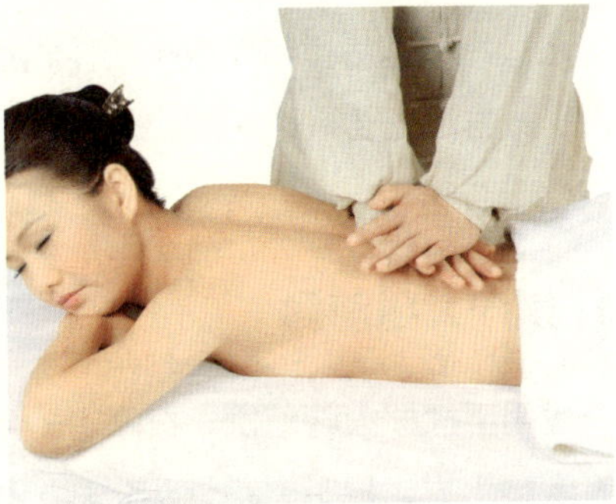

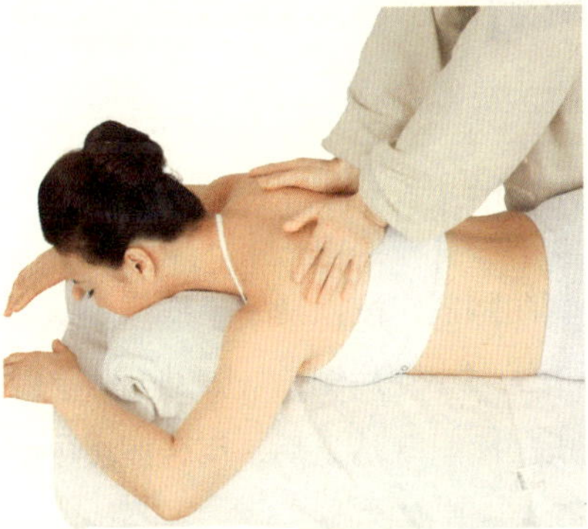

2. 掌擦韧带法

患者取俯卧位，全身放松。按摩者立于患者身体一侧，双臂伸直，双掌放在腰背部疼痛区域，拇指按住一点起固定作用，掌心微抬起，然后四指左右滑动，轻擦疼痛部位，直至皮肤发热，以放松腰背部的棘间韧带。

3. 韧带伸展法

患者俯卧，头转向一侧，双上肢放在身体前侧。推拿者跨在患者身体两旁，双手拇指抵住腰部，掌根部放在疼痛腰椎节段的两侧，双手对称地对腰椎部位柔和地施以压力，进行按压，随后立即松开，每次加压时较前次力度逐渐增加。

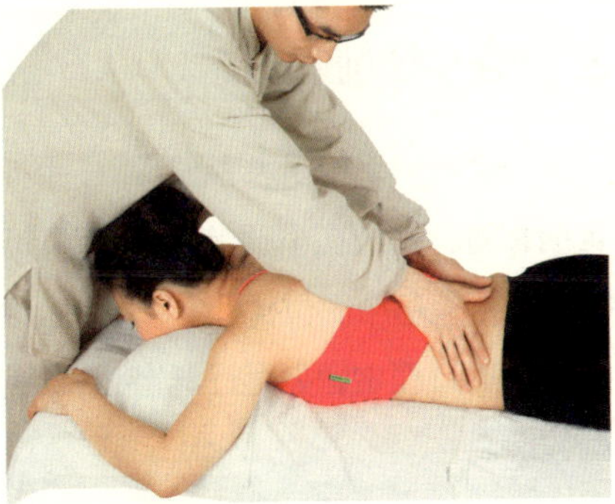

腿部肌肉

揉捏法是将揉和捏两个动作相结合，通过揉捏肌肉提高肌肉来的收缩力和柔软性。本方法主要针对下肢肌肉，平时多加操作，可以缓解下肢僵硬、消除下肢疲劳、改善下肢病症。

1. 揉捏大腿前侧

用手揉捏大腿前侧。按摩者一手置于患者大腿上方，把肌肉和骨头分开拉提揉捏，不只针对表层肌肉，连深层肌肉也一起慢慢地拉提揉捏。

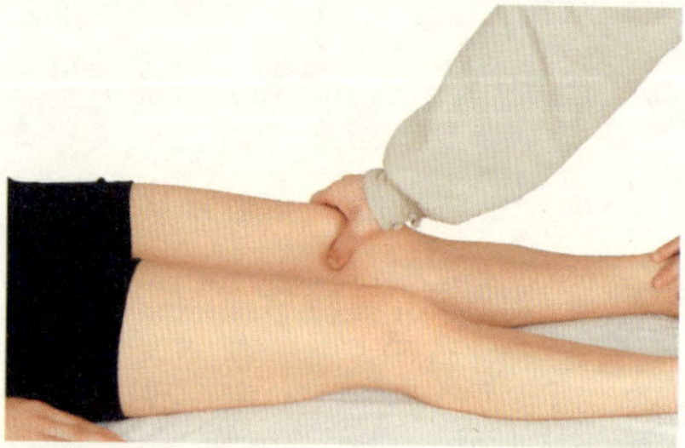

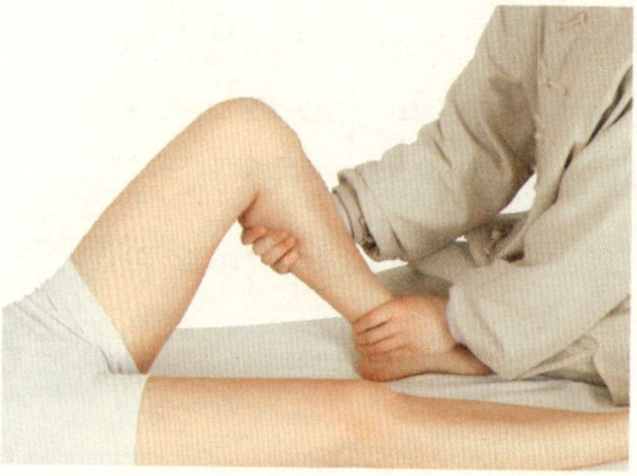

2. 揉捏小腿后侧

患者弯曲膝盖，按摩者一手握住脚掌，一手用拇指揉捏小腿后侧，从脚踝到膝盖做螺旋式推进。揉捏 5 次之后，用轻擦法按摩 1 次，重复 4 ~ 5 次。

3. 揉捏小腿前侧

按摩者一手按住患者脚背，一手拇指、食指相对，并放在小腿上，从脚踝向膝盖方向揉捏，每个部位揉捏 2 ~ 3 次，在靠近膝盖的过程中，力道逐渐增强，速度逐渐放缓。

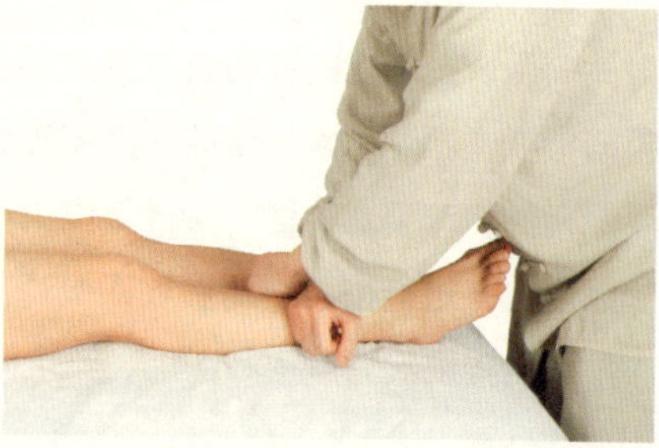

全天 24 小时，随时随地做拉筋

起床

双手上拉运动

STEP 01 盘腿坐好，肩膀放松，慢慢将双手往头顶伸展。

STEP 02 保持这个姿势 1 分钟，再缓缓将手放下。重复 5 次。

瑜伽伸展运动

STEP 01 双腿伸直坐在地上，背部挺直，双手自然平放。

STEP 02 左腿弯曲，脚掌踏放在右膝外侧。右腿弯曲，尽量贴向左臀。

STEP 03 身体向左转，右手肘抵住左膝外侧。左手直放在斜后方，肩膀尽量向左转。保持这个姿势 20 秒钟，再换反方向进行。

双脚相对坐运动

STEP 01 双腿平伸坐在地上，双手自然放在身体两侧。

STEP 02 将双脚脚底相对盘坐。

STEP 03 双手分别握住左右两只脚，身体缓缓向前压。每天做此运动 10 次。

合并运动

STEP 01 取仰卧位，全身放松，双手交叠放于脑后，屈曲双腿的膝关节，使双脚的脚掌合在一起。

STEP 02 以双脚脚掌相合的姿势使脚部贴着地板，慢慢平行向上滑行，尽量使足踝接近髋关节。

STEP 03 双脚上移到极限后，双脚缓慢下滑至平伸状态，再反复进行上述动作。每天大约进行 20 次。

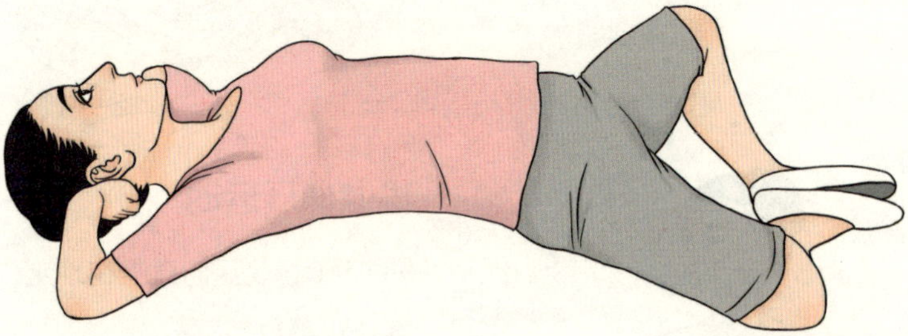

抱膝运动

STEP 01 自然放松平躺。双手抱握左膝举向胸部，重复 10 次。

STEP 02 以同样方式抬举右腿，重复 10 次。

STEP 03 双手抱握双膝举向胸部，重复 10 次。

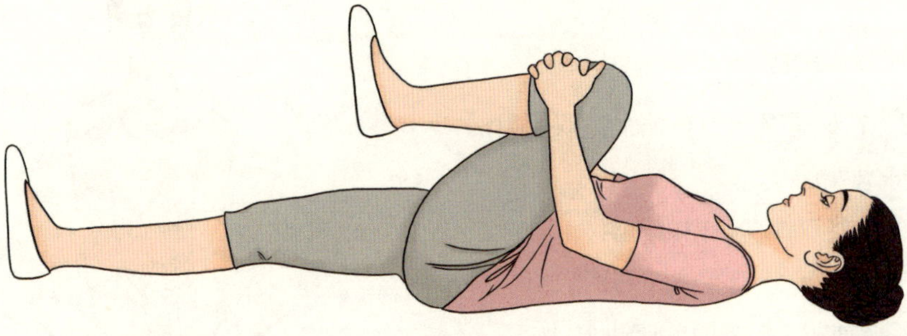

等公交

荷叶摆动运动

STEP 01 取站立位，两足分开与肩同宽，双足尖稍内旋，双手叉腰。

STEP 02 使腰部向左转到极限，保持数秒，然后慢慢恢复原位。

STEP 03 换右侧进行。两侧交替转动，每侧转 9 圈。

侧移运动

STEP 01 两脚张开约 45 厘米站直，体重平均分配在双脚上。

STEP 02 肩膀保持水平，手臂放松，左臀向左移。

STEP 03 站直，右臀向右移。从左到右，平顺地重复 10 次。

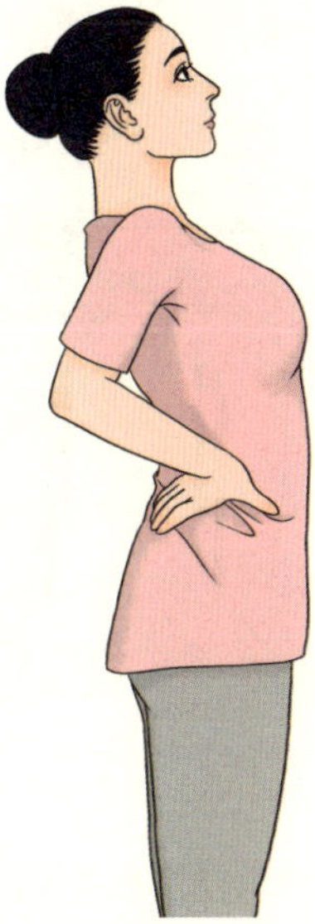

前后伸展运动

STEP 01 肩膀放松，慢慢将头向前弯，使下颌尽量紧贴前胸。

STEP 02 然后再将头慢慢回复中间位置。

STEP 03 再慢慢将头向后弯，使前额尽量保持在最高的位置上。重复以上动作 10 次。

办公

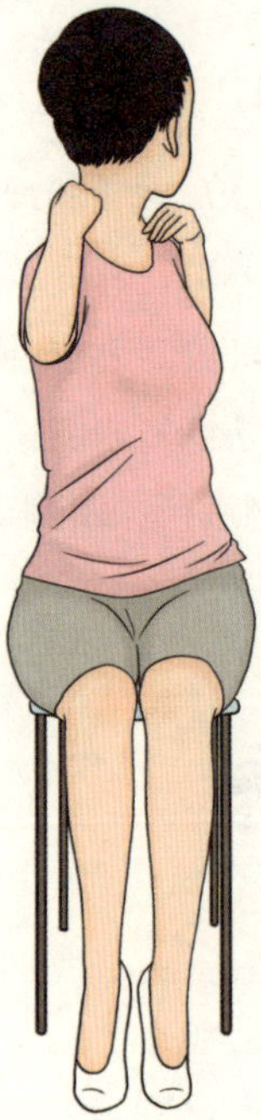

坐位旋转运动

STEP 01 坐在稳固的椅凳上， 双手弯曲，手指搭在双肩上，膝盖向前，双脚着地。

STEP 02 头部保持不动， 肩膀尽量向右转。

STEP 03 头部仍保持不动，肩膀尽量向左转。从左到右重复 10 次。

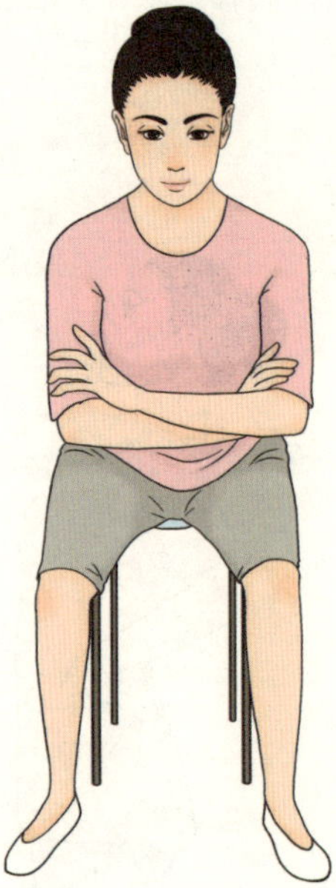

敬礼运动

STEP 01 坐在椅子上，双手抱胸，两脚张开比肩膀稍宽，膝盖弯曲呈 90° 。

STEP 02 吸气，然后慢慢吐气，上半身往前倾，保持 5 秒，上半身再慢慢抬起。

STEP 03 如果先抬头的话，会增加下背部负担，所以最后才抬头。这个动作可以伸展背肌与臀部的肌肉。

午休

背部伸展

STEP 01 双腿直立分开，与肩同宽，双臂高举。

STEP 02 身体尽可能向后弯曲，保持双臂与上半身在一条直线上。

STEP 03 保持不动，深呼吸，慢慢数到 10 之后腰部挺直，恢复原状，手臂放下。重复上述动作数次。

肩部环转运动

STEP 01 两侧肩膀放松，然后慢慢将右边肩膀向前移。

STEP 02 再将右边肩膀放松至中间位置。

STEP 03 然后再向后移。换另一侧肩膀进行。每天重复 10 次。

颈部环绕运动

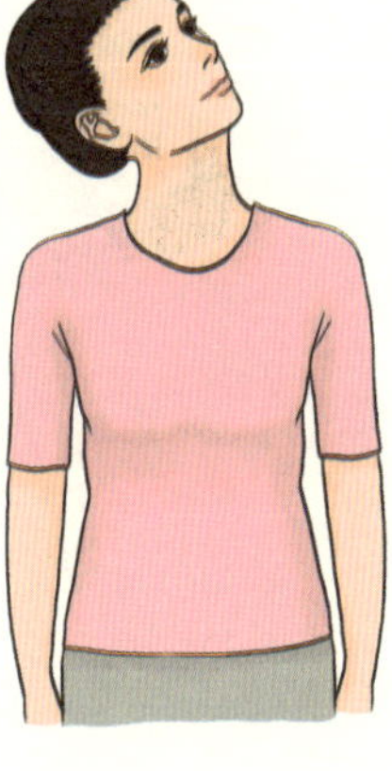

STEP 01 头颈向前伸出，稍低头，头部从前方开始做环绕动作。向左（右）绕环。

STEP 02 头部屈颈做前、侧、后还原的 360° 绕环动作。

STEP 03 反方向重复一次。每天做此运动 10 次。

睡前

跪姿抬腿运动

STEP 01 双膝跪地，双手伸直手掌贴地，身体重量平均分配在双手和双膝上，手和膝盖保持与肩同宽。

STEP 02 背部弓起，头下垂，弯曲右膝，并尽可能地抬向下颌。

STEP 03 将右腿打直往后向上伸展，使背部往下弓，但不要扭动臀部。然后将右腿收回，以同样的方式弯曲伸展左腿。左右两侧重复伸展 10 次。

转膝运动

STEP 01 自然平躺，双手与身体成 90° 平放在地板上，肩部平放贴地，足及膝并拢。

STEP 02 保持上半身不动，抬起左侧膝盖。

STEP 03 将左侧膝盖尽量向右侧转，并着地。肩膀保持平放，但臀部可提起，以利脊椎的旋转。然后转另一侧进行。左右各转动 10 次。

飞燕运动

STEP 01 取俯卧位，两腿伸直，两臂伸直放于体侧。

STEP 02 两臂、两腿伸直并同时用力向上抬起，挺胸抬头。

STEP 03 还原成预备姿势。重复进行 12 ~ 16 次。

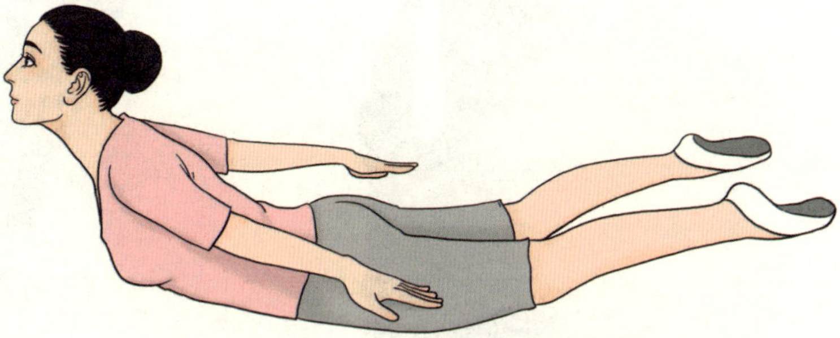

腿后腱运动

STEP 01 平躺，右腿弯曲上抬，双手手指紧紧交叉放在右膝腘窝处，头部保持轻松，平放。

STEP 02 右腿伸直，拉紧大腿的肌肉，并尽量伸直右膝关节，使脚面保持与地面平行，头及左腿则轻松地平放在地板上，保持这个姿势 20 秒钟。

STEP 03 将右腿缓缓放下。换左腿以同样的方式伸展，左右交替进行 10 次。

CHAPTER 03

简易拉伸操，对症改善疼痛

每个人身体出现疼痛的原因、部位、强度不尽相同，因此必须弄清楚自己为什么痛、痛在哪里、疼痛强度怎么样，这样才能更好地对症缓解疼痛。

颈部的简易拉伸操

颈部的作用就是把头部和躯干部联系起来。由于颈部的联系作用，脑发出的各种指令得以传输到躯干和四肢，身体感受到的各种刺激以神经冲动的方式也可以传送到脑。在颈部，神经活动的传输通道是脊髓。颈部对于消化系统、呼吸系统和循环系统也起着通道作用，其通道分别为食管、气管和血管。

哪些症状可以看出颈痛

自我检查时，如果有以下症状，那就说明颈部有疾患，要坚持做颈部伸展以舒缓颈部疼痛。

1 原因不详的头痛、眼球酸痛都可能与颈痛有关。

2 需长时间使用电脑，并且在使用电脑后，后颈部、背部、肩膀会僵硬不适。

3 背部、肩膀经常感到酸痛、僵硬，下意识地转动脖子，却发现转不动。

4 长时间低头玩手机或伏案工作，后颈部、背部、肩膀会僵硬不适。

5 身体形态不太好，颈部向前伸出。

6 严重的时候，颈部往后仰或往旁边转动时，手臂会有剧烈的疼痛感，同时还能感受到严重的偏头痛与眩晕感。

基础操作步骤

背面颈部肌肉拉伸

放松背面连接头部与颈部的肌肉，舒缓颈部周围肌肉的紧绷感。

❶ 挺胸抬头站好，双脚分开与肩同宽，两眼目视前方。

❷ 下巴往胸口方向缩起，头部往后稍微推压，尽量让双眼能看到胸口，保持 6 秒，再缓缓抬起下巴。重复操作 6 次。

操作要点：活动颈部时，注意用力，防止用力过猛。

双手紧扣后颈拉伸

强健颈部肌肉，减轻紧绷感与疼痛感。但若颈部过于疼痛，千万别勉强操作。

❶ 抬头挺胸站好，双脚分开与肩同宽，双手十指紧扣置于后颈上，两眼目视前方。

❷ 头慢慢往后仰，保持 15 秒，再缓缓回正。重复操作 3 次。

操作要点：活动颈部时，注意用力，尽量把头向后仰。

颈部两侧肌肉拉伸

拉伸颈部两侧肌肉与筋膜，舒缓疼痛，减轻颈部压迫感。

❶ 挺胸抬头站好，双脚分开与肩同宽，两眼目视前方。

❷ 一手置于后背部做稍息状，另一手横跨头顶，扶着对边头侧部，往旁边轻压颈部，保持 15 秒后再缓慢回正。重复 3 次，再换另一边做同样的动作。

操作要点：轻压颈部时，尽量摆正身体，肩膀勿倾斜。

正面颈部肌肉拉伸

强健咽喉部的颈部肌肉。

❶ 平躺，两手平放在大腿两侧，颈部枕在厚毛巾上。

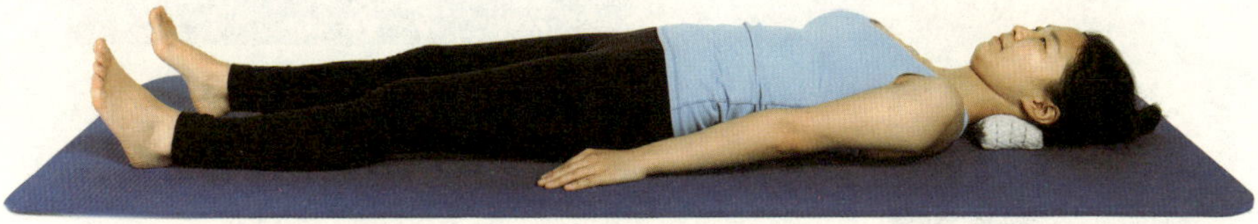

❷ 下巴往胸口方向缩起，尽量让双眼能看到胸口，保持 6 秒，再缓缓抬起下巴。重复操作 6 次。

操作要点：下巴向胸口方向缩起时，配合呼吸，长长吐出一口气后再抬起下巴。

不同病症导致的颈痛

颈椎病？姿势正确才不患病

颈椎病又称颈椎综合征，是由于颈部长期处于紧张的工作状态，劳累过度，形成劳损，或颈椎及其周围软组织发生病理改变，如颈椎骨质增生、椎间隙变窄、椎间盘突出等，使得颈部神经、血管或脊髓受到压迫、刺激而导致的一组复杂的症候群。颈椎病主要症状表现为关节韧带疲劳，头、颈、肩、背酸痛，颈项僵硬，活动受限，颈肩酸痛可放射至头枕部和上肢。严重者肩背部有沉重感，四肢无力，手指发麻，手握物不稳，行走时有踏棉花之感，可伴有恶心、呕吐等症状。

生活小保健

长时间伏案工作的人首先在坐姿上应保持自然的端坐位，头略前倾，保证头、颈、胸的正常生理曲线不受影响。每当伏案一段时间后，应抬头向远望 1 分钟左右。

对症拉伸操

双手紧扣后颈拉伸

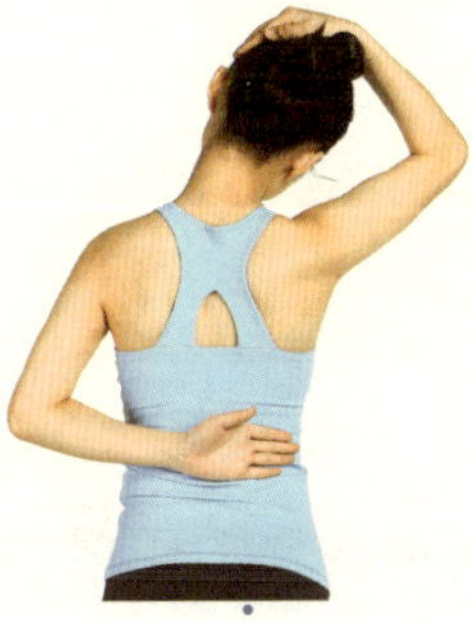

颈部两侧肌肉拉伸

低头时头痛、手臂酸麻，这是为哪般？

随着人们生活环境的改善以及生活方式的转变，颈椎病的发病率也日益上升，尤其是一些上班族，患颈椎病的概率更是比普通人高。上班族每天的生活都是一张桌子一把椅子一台电脑，长时间的不当坐姿以及工作姿势都会导致颈椎病的发病。低头的时候，不仅脖子痛，而且还有头痛、手臂酸麻的症状，多半是颈椎间盘突出造成的。颈椎间盘突出或狭窄都会导致头痛，颈椎间盘突出时会压迫到颈部、肩部、手臂神经，从而引发疼痛，严重时手臂可能变得无力。

幸运的是，颈椎间盘突出比腰椎间盘突出更容易治疗，只要改正不良的姿势就有 50% 痊愈的概率，只要保持正确的姿势，就可以保护颈椎健康，避免受到伤害。

生活小保健

1. 使用高度适中的枕头，避免过高或过低压迫到颈部神经。
2. 尽量避免侧睡或趴睡，以免造成颈椎歪斜。
3. 长时间使用电脑，可选用带颈枕的座椅，让头部得以倚靠。
4. 电脑屏幕尽量置于眼睛可以平视的位置，减少低头的机会。

对症拉伸操

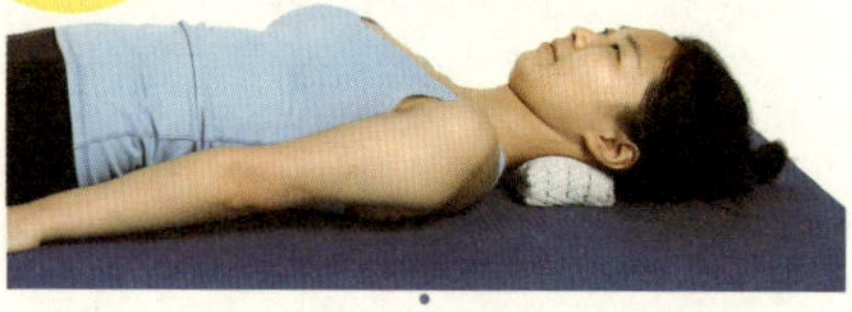

正面颈部肌肉拉伸

双手紧扣后颈拉伸

脖子后仰就会痛？多半是骨刺和趴睡所致

脖子往后仰所产生的疼痛，原因有二：一是肌肉紧缩，二是颈椎关节相互碰撞所致。脊椎后方的关节又称为小面关节，当头往后仰的时候，小面关节就会受到碰撞而发炎，进而导致关节骨头开始增生，增生后的骨头便会压迫到附近的组织，甚至往神经通路生长而压迫到神经。

一旦发生脖子往后仰就疼痛的情况就要尽量避免做这个动作，或在工作时佩戴护颈，以便舒缓疼痛。另外习惯趴睡的人，也会因为歪头而对关节造成压力，故而也会出现脖子后仰或转头的疼痛。

生活小保健

1. 风寒可使局部血管收缩，血流降低，有碍组织的代谢和废物清除，潮湿阻碍皮肤蒸发，故要避免午夜、凌晨洗澡或受风寒吹袭。
2. 改正不良姿势，减少劳损，每当低头或仰头 1 ~ 2 小时，需要做颈部活动，以减轻肌肉紧张度。

对症拉伸操

背面颈部肌肉拉伸

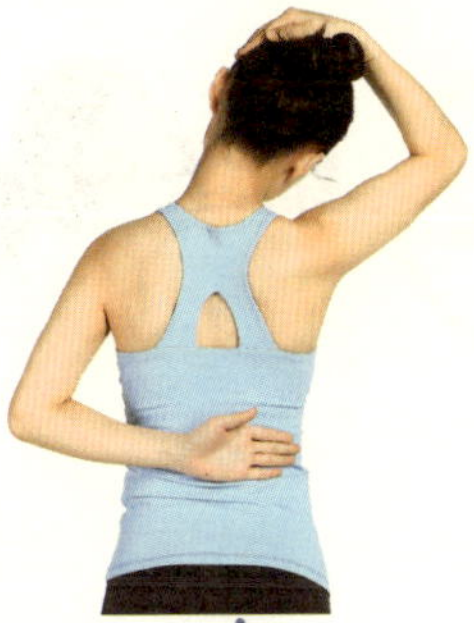

颈部两侧肌肉拉伸

转头“咔”且疼痛不已？多半是落枕

想必很多人都有这样的经历：某天早晨一起床，稍微转动一下脖子就听见“咔”的一声，并且伴有剧烈疼痛，脖子都无法转动了。这多半是落枕了。

颈椎和腰椎上的韧带特别多，它们连接在脊椎骨的前后以及脊椎关节的每个环节上，稳定着脊椎骨。不但肌肉会扭伤，韧带也会。当我们转动脖子时，脊椎的关节也会随之扭转，与之相连的韧带会因受到压力而产生疼痛。一般说来，若是肌肉拉伤，2 ~ 3 天后疼痛自然就会消除，但是韧带受伤就会比较严重了，不但疼痛持续会超过 7 天，而且韧带愈合后还会变粗，进而可能造成脊椎歪斜，或者在转动脖子的时候经常发出“咔”的声响。

生活小保健

肌肉拉伤时可用冰敷或按摩缓解，也可以在洗澡的时候用水柱按摩颈部肌肉，第一天用凉水冲，第二天开始用热水和凉水交替冲洗。如果是韧带扭伤，则需要冰敷 2 ~ 3 天，并服用几天的消炎药以及佩戴护颈，避免脖子扭动。

对症拉伸操

双手紧扣后颈肌肉拉伸

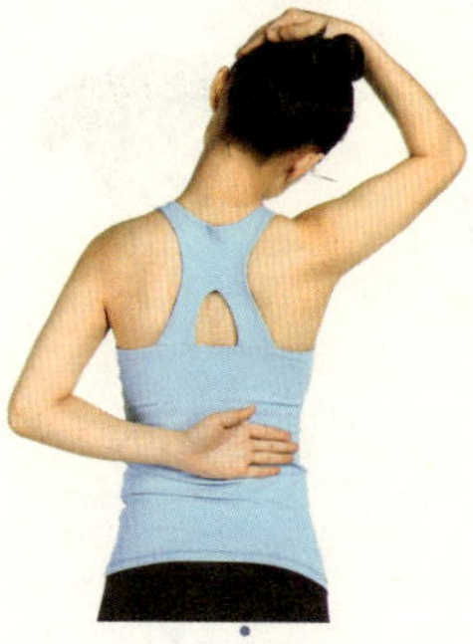

颈部两侧肌肉拉伸

肩膀的简易拉伸操

肩膀指的是背部和肋部到面部和头部之间的部分，此处的血液供应主要来自肩胛上动脉和旋肱前、后动脉的分支。肩膀的运动范围较大，但稳固性较差，临床上易发生肩关节脱位。肩膀最容易发生肩周炎，故而在日常生活中要做好防治工作。

哪些症状可以看出肩痛

自我检查时，如果有以下症状，那就说明肩膀有疾患，要坚持做肩膀伸展以舒缓肩膀疼痛。

1. 早上起床或长时间伏案工作后，想伸个懒腰却发现无法做到。
2. 举起手臂、转动手臂或者拿高处的物品时，肩膀会痛。
3. 无法做需频繁使用肩膀的剧烈运动，如打排球、打羽毛球、打乒乓球、打篮球、打棒球等。
4. 因为肩膀脱臼过，所以经常有肩膀再次脱臼的错觉，每天十分不安。
5. 严重时，肩膀有发热、肿胀和变色的症状，肩关节稍一动就能发出声响，生活中需要用到肩膀发力的小事都无法完成，如梳头发、吹头发、如厕、接听电话、用餐等。

基础操作步骤

肩膀后侧肌肉拉伸

拉伸肩膀后侧的韧带、肌肉、上臂与侧腹部上方肌肉，减轻疼痛。

❶ 抬头挺胸站好，双脚分开与肩同宽，一只手握住另一只手的手肘，抬手置于头部后方，手臂伸直，两眼目视前方。

❷ 抓住手肘轻轻往对侧下压，保持15 秒再返回原位。重复操作 3 次，再换另一边操作。

操作要点：轻拉手肘时，尽量保持身体平衡，不要弯腰。

侧压手臂肩胛骨肌肉拉伸

拉伸肩膀后方肌肉与肩胛骨周围肌肉，舒缓疼痛。

❶ 抬头挺胸站好，双脚分开与肩同宽，一只手臂向前伸直，与肩膀垂直，另一只手弯曲勾住伸直的手臂。

❷ 用力将伸直的手臂往内侧轻拉，同时脸部看向反方向，保持 15 秒，再缓缓恢复原状。反复操作 3 次，再换边操作。

操作要点：尽量保持手臂伸直，配合呼吸慢慢操作。

毛巾拉伸肩关节

拉伸肩关节囊与内侧肌肉，减轻疼痛。

❶ 抬头挺胸站好，双脚分开与肩同宽，双手置于背部抓住毛巾两端，将毛巾拉直，一手在头部，另一手在腰部。

❷ 尽可能将毛巾往上拉，保持 15 秒后再恢复原状。反复操作 3 次，再换边操作。

操作要点：向上拉毛巾时，尽量保持后背挺直，切勿弯腰驼背。

肩关节囊拉伸

拉伸肩关节囊，放松肩膀并减轻疼痛。

❶ 准备一把椅子。一手抓住椅背支撑身体，弯下腰，上半身与下半身呈 90° 角。

❷ 另一只手朝下伸直，顺时针画圆转动 30 秒，30 秒过后休息 10 秒，然后再转动 30 秒。然后换边以同样的手法操作。

操作要点：画圈尽量利用惯性而不施力。

手腕下压肩膀肌肉拉伸

拉伸三角肌与肩关节囊的韧带，减轻疼痛。

❶ 侧躺在瑜伽垫上，颈部枕在厚毛巾上，屈膝，疼痛的肩膀接触地面。疼痛侧的手肘弯曲呈 90° ，用另一只手紧抓患侧手腕，手肘不离地，抬高前臂与地面垂直。

❷ 手施力，将患侧手腕往地面方向轻压，患侧手腕也要施力尽量不碰到地面，保持 15 秒。重复 3 次。

操作要点：轻压手腕时，注意保持身体平衡，切勿往后倒。

不同病症导致的肩痛

怎么解决“五十肩”的困扰

厨师、教师、会计、司机及从事手工劳动的人常常有这样的感觉：肩部像被固定了一样，活动不便；在肩膀的前面靠外侧的部分出现疼痛，疼痛随着肩膀的疲劳程度时轻时重，夜晚的时候甚至会被疼醒，还会引起肌肉痉挛。这就是肩关节周围炎，简称肩周炎。

肩周炎是各种肩部疾病中最常见的一种病症。以前因为是 50 岁的人最容易得这种病，所以又称为“五十肩”，但现在随着使用电脑工作的人越来越多，肩周炎已经成了上班族的常见病。

生活小保健

站立，两脚分开与肩同宽，挺胸收腹，头摆正，肘关节伸直，做两肩环绕运动，每分钟 6 ~ 8 下。每日 1 ~ 3 次，每次约 10 下。

对症拉伸操

侧压手臂肩胛骨肌肉拉伸

肩关节囊拉伸

类风湿性关节炎，女性关节痛的元凶

有的人无缘无故出现低烧、全身乏力、食欲不振等症状，之后关节开始变得红肿、疼痛，有时候疼痛会很严重，关节弯曲都困难，早晨起床的时候更是关节僵硬，有时候疼痛会减轻，甚至没什么感觉，但很快就会复发。这就是类风湿性关节炎。

类风湿性关节炎是一种慢性全身自身免疫系统疾病，以关节滑膜炎为主要特征。青壮年是此病的高发人群，约 80% 的患者在 20 ~ 45 岁之间发病。

生活小保健

患者取坐姿，操作者单手扶着患者肩部，另一只手握住患者手臂，带动肩部、肘部、腕关节摇动，绕环 3 ~ 5 遍。

对症拉伸操

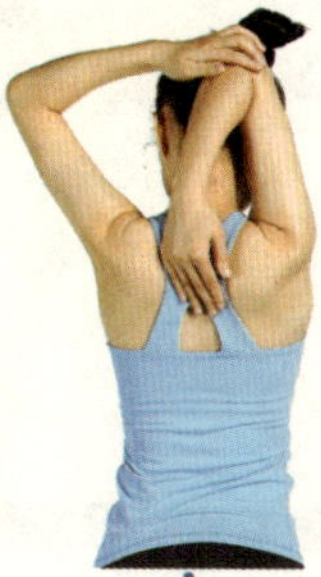

肩膀后侧肌肉拉伸

毛巾拉伸肩关节

肱二头肌发炎，中年妇女的困扰

中年妇女常常会发生肩部肿胀，用手按压靠胸前一侧，会感到持续的疼痛，还有人会有肩后侧疼痛，尤其是在做梳头、提裤、穿脱衣袖等动作时，会突然产生剧烈疼痛和肌肉痉挛。这就是肱二头肌肌腱炎。

肌腱炎是肌腱本身或者周围组织的炎症，其中最常见的就是腱鞘炎。腱鞘多位于手和足部的关节附近及肌肉长腱的周围，即套在肌腱外面的双层套管样密闭的滑膜管，两层之间有一空腔即滑液腔，内有腱鞘滑液，其内层与肌腱紧密相贴，外层衬于剑鞘纤维里面，具有固定、保护和润滑肌腱的作用，使肌腱免受摩擦或压迫。

生活小保健

患者取坐姿，操作者站在患侧肩前方，以两手分别轻轻地握住患病手臂和腕部，较大幅度地抖动，每分钟抖动 160 次。

对症拉伸操

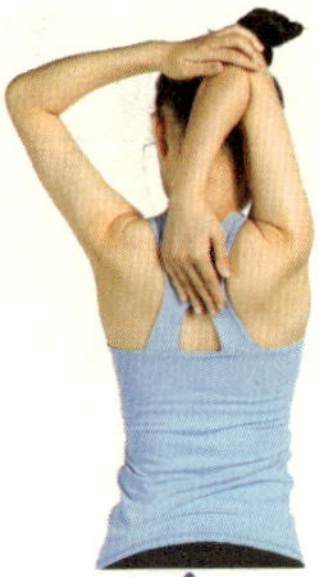
肩膀后侧肌肉拉伸

肩关节囊拉伸

不是五十肩，但肩膀剧痛肿胀？

有的人在经历急刹车之后，肩背部会酸痛，在脖子靠近肩膀的地方还能摸到硬成一团的肌肉块。脖子向后仰时，疼痛能稍微缓解，可是如果歪头或向前探头，又会变得特别疼，按一按或者捶一捶，感觉舒服多了。这就是斜方肌损伤。

斜方肌收缩时，肩胛骨向内接近脊柱；上部肌纤维收缩能向上提肩胛，下部肌纤维收缩会使肩胛下降。当其他肌肉固定住肩胛骨时，单侧斜方肌收缩能完成头后仰并稍稍旋向对侧的动作；两侧同时收缩，则能使头向后仰。耸肩向上的动作会利用斜方肌上部的力量，手臂下压会利用斜方肌中下部的力量，比如健身中的重锤下拉。因此，做这些动作或锻炼的时候，都有可能使斜方肌受伤。

生活小保健

患者取坐姿，操作者站在其身后，用拇指、食指、中指拿捏斜方肌，并向上提起数次。力量不宜过大，以患者能忍受的痛感为度。

手腕下压肩膀肌肉拉伸

肩膀后侧肌肉拉伸

肩周肌肉劳损？肌肉失衡所致

肩胛骨周围有丰富的肌肉构成肌肉群，有些不良习惯和运动方法会使多块肩周肌肉同时受到损伤。急性损伤一般发生在投掷、引体等动作中，多发于运动员身上，慢性劳损则可以由生活中的反复动作和强迫性体位等造成。这就是肩周肌肉劳损。

肩周肌肉与胸壁形成一个特殊的机构，它在功能上与关节相似，而解剖构造却与关节有很大区别。肩周肌肉劳损大多不是单一肌肉损伤，而是多块肌肉同时损伤，大多见于冈上肌和冈下肌、大小菱形肌、大小圆肌和肩胛下肌损伤等。

生活小保健

患者取坐姿，操作者站在其患侧背后，用拇指和食指、中指、无名指调拨肩周肌肉，重点是条索样改变肌肉，手法不宜过重。

对症拉伸操

肩关节囊拉伸

毛巾拉伸肩关节

背部的简易拉伸操

背部是一个非常广泛的范围，具体说来，包括颈部、胸部、腰部、骶部等。腰部是整个背部最重要的，也是最薄弱的环节，背部的大多数疾病都发生在这里。

背部是由两肩和背上部共同形成的人的骨架的部分，这个部位最宜负重。背部上的肌肉群对人体有着重要的作用。发达的背部肌肉群可以帮助抵御冲击，保护脊柱，尤其是下背部肌群，可以很好地保护你的腰椎。据统计，下背部肌群发达的人患腰椎间盘突出的概率要比一般人低 70%。

哪些症状可以看出隐藏性背痛

自我检查时，如果有以下症状，那就说明背部有疾患，要坚持做背部伸展以舒缓背部疼痛。

1 侧身站着照镜子时，会发现有颈部向前伸出、背部向后凸出的现象。

2 久坐且长时间使用电脑后，背部及肩胛部的肌肉会感到僵硬不适。

3 平躺在平地上，会发现后脑勺无法着地。

4 保持单一姿势的时间越长，背部越疼痛，只有平躺在床上才能得以缓解。

5 背部疼痛严重时，按压背部肌肉或活动筋骨时会感受到剧烈疼痛，背部和手臂同时出现疼痛感。

基础操作步骤

肩胛部肌肉拉伸 1

强健斜方肌与肩胛骨周围的肌肉，放松背部，舒展圆肩，减轻疼痛。

❶ 挺胸抬头站好，双脚与肩同宽，两眼目视前方。

❷ 双手在背后十指紧扣，尽可能抬起双臂，感觉背部有紧绷感，保持 15 秒后再缓缓放下。重复操作 3 次。

操作要点：抬起双臂时，身体保持挺胸抬头的状态，上半身不往前倾。

肩胛部肌肉拉伸 2

强健肩胛骨周围的肌肉，放松背部，舒展圆肩，减轻疼痛。

❶ 挺胸抬头站好，双脚与肩同宽，两眼目视前方。

❷ 下巴微缩，双手向背部后方伸直，手背相对，尽可能抬起双臂，感觉背部有紧绷感，保持 15 秒后再缓缓放下。重复操作 3 次。

操作要点：下巴微缩时，上半身不往前倾，背部保持成一直线。

肩胛部肌肉拉伸 3

拉伸背部肌肉，缓解背部肌肉紧张感，从而矫正圆肩。

❶ 挺胸抬头站好，双脚与肩同宽，背部紧贴墙壁，双手向上伸直，两眼目视前方。

❷ 双臂紧贴墙壁，向下弯曲，臂弯呈 90° 角，保持 6 秒后再慢慢往上伸直。重复操作 6 次。

操作要点：头部和腰背部尽量贴紧墙壁，别让双臂离开墙壁。

肩胛骨肌肉拉伸 1

强健斜方肌与肩胛骨周围的肌肉，放松背部，减轻疼痛。

❶ 趴下，双手平放在两腿侧，额头靠在毛巾上，鼻子与地面呈平行状态。

❷ 抬起双臂向后延展，肩胛骨尽量往中间集中，保持 6 秒再放下双臂。重复操作 6 次。

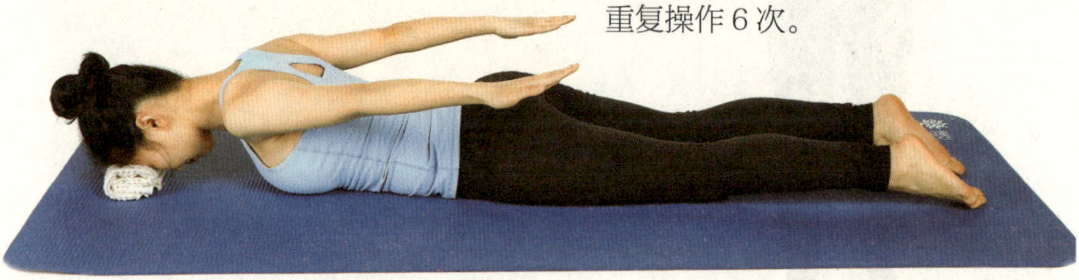

操作要点：肩胛骨往中间集中时，斜方肌注意别过度用力。

肩胛骨肌肉拉伸 2

强健斜方肌与肩胛骨周围的肌肉，放松背部，减轻疼痛。

❶ 趴下，双臂弯曲呈 90° 角，小臂与头部呈平行状态，额头靠在毛巾上，鼻子与地面呈平行状态。

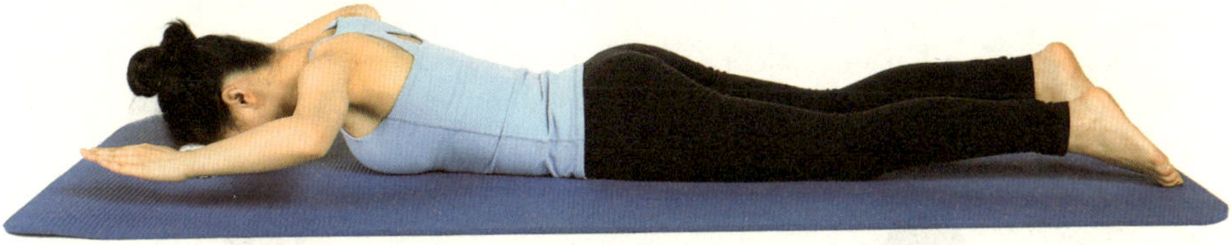

❷ 抬起双臂，肩胛骨尽量往中间集中，保持 6 秒再放下双臂。重复操作 6 次。

操作要点：抬起双臂时，胸部紧贴地面，不用抬起。

不同病症导致的背痛

背部酸痛多是肌肉痛引起

背痛以背部疼痛或不适为主要症状，有时伴有背部的酸沉感、负重感、蚁行感及冷水浇背感，而内脏检查常无异常发现。本病多是由于受到外力而导致背部肌肉拉伤或劳损所致，例如在搬、抬、扛重物时，肩背部肌肉和突然受到扭伤。另外，在人体过度劳累时也可能会引起损伤，一般发生在斜方肌与菱形肌等部位。

曾经有过扭伤病史，背部肌肉出现痉挛，在较小的范围内有压痛点。情况严重时，痛感会蔓延至整个上肢以及颈肩部，活动受限，而且疼痛部位也会表现为持续隐痛。

生活小保健

一般而言，在较轻的背痛患者身上，只要做到适量的伸展运动，就可以大大地减轻背痛程度。但必须注意的是，在背痛剧烈发作时，不能做伸展操，否则反会加重病情。此外，在日常生活中，应注意背部姿势，坐位时可利用腰背垫协助支撑腰部，以减轻腰背部的负担。

对症拉伸操

肩胛部肌肉拉伸 1

肩胛部肌肉拉伸 2

慢性腰肌劳损不仅会腰痛，也会背痛

一般说来，腰痛可以延展到背痛。

慢性腰肌劳损是指腰骶部肌肉、筋膜以及韧带等软组织的慢性损伤，导致局部无菌性炎症，从而引起腰臀部一侧或两侧的弥漫性疼痛，有的人还会有背痛的症状。此病在临床上较为常见，通常是因为人们长期维持一种姿势，或日常生活中形成的不良习惯，使腰部承受的压力过大，从而使腰部出现酸痛无力，或是由于急性腰扭伤病发时没有得到及时的治疗，后期反复发作，转为腰肌劳损。

生活小保健

1. 劳动时，要注意腰部用力应适当，不可强力举重，不可负重久行，避免长时间弯腰工作，应定时做松弛腰背部肌肉的体操。
2. 坐、卧、行走保持正确姿势，长时间坐着工作的人要利用喝水、上厕所、会客或接电话的时间，扭一扭腰，转一转头，争取多走动，使腰臀部肌肉收缩和舒张数次以缓解疲劳。

对症拉伸操

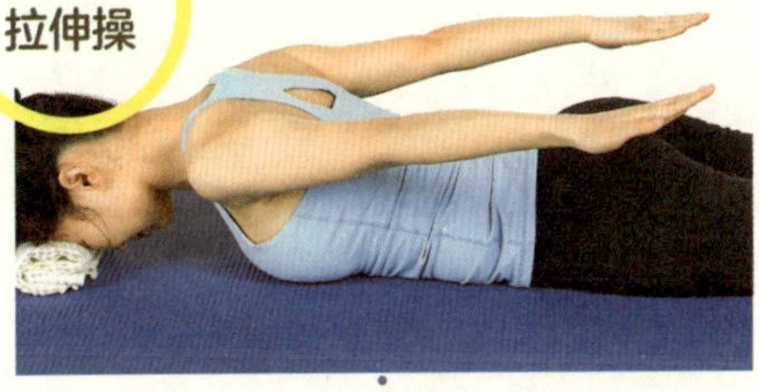

肩胛骨肌肉拉伸 1

肩胛部肌肉拉伸 3

腰部的简易拉伸操

腰是人体最重要的连接部位，人体的很多活动都需要腰部来支撑，如果年轻的时候没有做好腰部保健，等到年纪渐长，腰部毛病就开始逐渐出现了。腰部出现疼痛后，一定要到专科医生处正确诊断身体的疼痛症状。平常要注意锻炼不经常运动的腰肌，改正不良的生活和工作习惯。

哪些症状可以看出隐藏性腰痛

自我检查时，如果有以下症状，那就说明腰部有疾患，要坚持做腰部伸展以舒缓腰部疼痛。

1 早晨起床时，腰部稍感僵硬不适，没办法马上坐起身，需要翻来覆去好一会儿，待腰部的僵硬缓解了才能慢慢坐起。

2 长时间俯身做家务活，如洗衣服、拖地、打扫房间，或长时间在厨房做饭，腰部会有些僵硬不适。

3 在激烈运动后，如短跑、跳远、打篮球等，腰部不时会感到有负重感，仿佛腰部绑上了一个十几斤重的沙袋。

4 久站或久坐未超过一小时，却觉得腰部僵硬又酸痛，但只要一躺在床上会感到十分舒服，整个人都放松了。

5 长时间工作后，坐下再站起来时，腰挺不起来，或站着再坐下时，腰弯不下去。另外还会习惯性闪到腰。

6 腰痛严重时，咳嗽或者打喷嚏，腰部会随着咳嗽和喷嚏一阵一阵地感觉到疼痛。

7 腰痛时用热毛巾热敷或者用艾灸灸治腰部，腰部会感到放松，整个人也会有神清气爽的感觉。

基础操作步骤

臀部肌肉拉伸 1

延展腰部的核心肌肉、臀部肌肉（臀中肌、臀大肌）与韧带，减轻疼痛。

❶ 平躺在地，屈膝。

❷ 双手紧抓膝盖，再慢慢往胸口方向拉，保持 15 秒。此动作重复 3 次。

操作要点：双腿并拢拉起来时，臀部放松；双腿拉起时，腰部不要腾空。

臀部肌肉拉伸 2

延展腰部的核心肌肉、臀部肌肉（臀中肌、臀大肌），减轻疼痛。

❶ 平躺在地，屈膝。抬起一只脚呈 90° 角弯曲，两只手放在抬起的膝盖上。

❷ 抬起来的脚压向另一边脚，保持 90° 角，脸转向压着的脚对侧，保持 15 秒后恢复原状。此动作重复 3 次后再换边操作。

操作要点：压脚时，两侧肩膀尽量贴紧地面。

前侧大腿肌肉拉伸

强健大腿的肌肉。

❶ 平躺在地，屈膝。

❷ 往胸口方向抬起一只脚，大腿与身体呈 90° 角，双手相叠按在膝盖上，保持 6 秒后放下。重复动作 6 次后，换另一边脚操作。

操作要点：注意腰部要紧贴地面。

腹部肌肉拉伸 1

强健腹部肌肉，有助稳定脊椎，同时也能减轻椎间盘的压力。

❶ 平躺在地，屈膝。

❷ 上半身微抬，头部与肩膀呈 20°，双臂伸直置于大腿前侧，保持 6 秒钟后再轻放下。此动作重复 6 次。

操作要点：上半身抬起时，背部和腰部要紧贴地面，下巴往胸口方向缩。

腹部肌肉拉伸 2

延展腹部肌肉，舒缓腰部肌肉，有助于恢复向后突起的椎间盘。

❶ 趴在瑜伽垫上，双臂紧贴胸口两侧，手肘紧贴于地面。

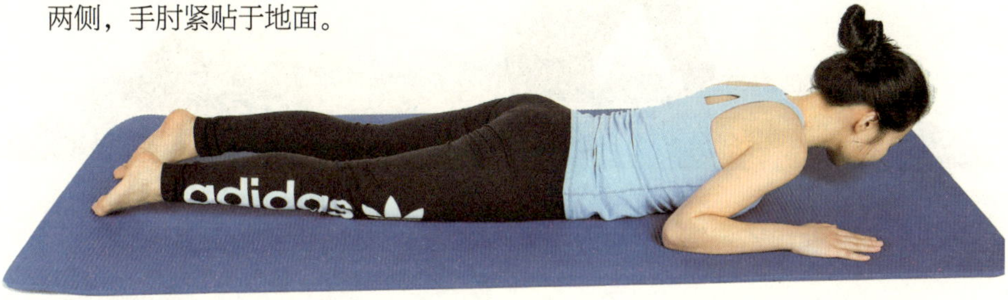

❷ 抬起上半身，挺起腰部，脸直视前方，此动作保持 15 秒后放下上半身。此动作重复 3 次。

操作要点：上半身抬起时，头不要往后仰。

下半身肌肉拉伸

强健臀部肌肉、腰部肌肉与大腿后侧肌肉。

❶ 平躺在地，屈膝。

❷ 双腿张开与肩同宽，双臂支撑地面。臀部用力抬起来，让胸口与腹部呈一直线，保持 6 秒后放下。此动作重复 6 次。

操作要点：勿过度抬高臀部。

腰背部肌肉拉伸

强健肌肉，缓解椎间盘负担。

❶ 趴在瑜伽垫上，双手紧贴在大腿两侧，双脚微张，与肩同宽。

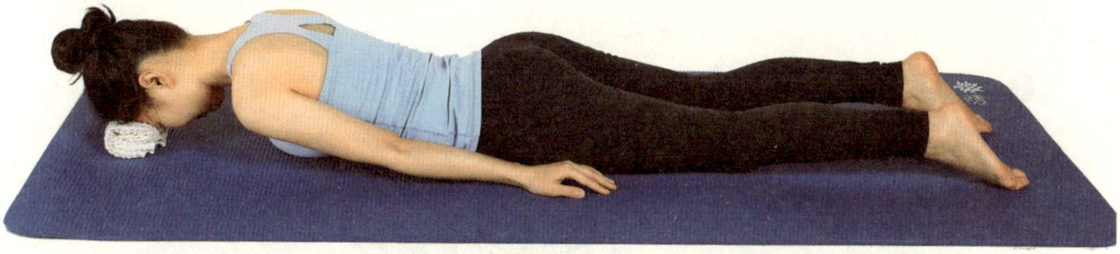

❷ 抬起上半身，挺起腰部，下巴微缩，眼睛视线呈 45° 直视前方地面，保持 6 秒钟后，放下上半身。此动作重复 6 次。

操作要点：抬起上半身时，肩胛骨往中间用力集中，不用抬头。

腰背肌肉拉伸

延展腰背部肌肉，减轻疼痛。（膝盖疼痛患者请勿操作）

❶ 身体呈跪姿，臀部压在脚跟上，腰背挺直。

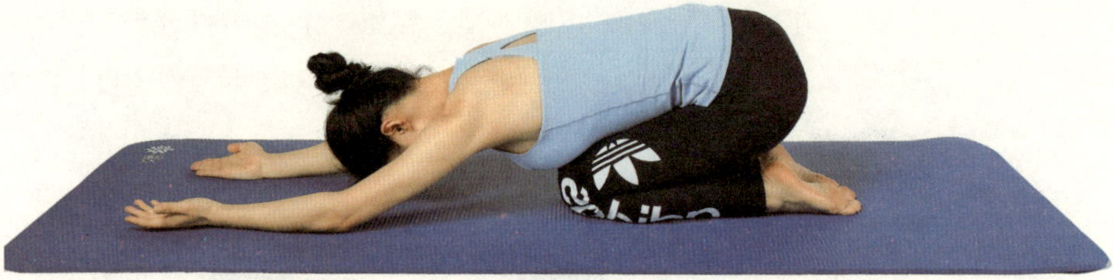

❷ 弯腰，手臂伸直，尽量向前延伸，胸部紧贴大腿，保持 15 秒，再直起腰。此动作反复操作 3 次。

操作要点：双臂向前延伸时，臀部不可离开脚跟。

不同病症导致的腰痛

搬重物闪腰？严重者椎间盘破裂

相信大家都有因为搬重物而闪到腰的经验，或因抬水，或因搬花盆，或因搬箱子……闪到腰的时候，我们通常以为是伤到肌肉或韧带，这种闪腰是拉伤或者扭伤，大多数在一周内，疼痛就能缓解。但是如果超过一周，甚至一个月，疼痛依然未缓解，那么就要警惕了，多半是因为椎间盘破裂，要尽快去医院做检查。

椎间盘突然受到承压或者是大动作的旋转，都有可能导致椎间盘破裂。椎间盘是由具韧性的纤维组织和髓核所组成的软骨组织，以便承受强大的压力。椎间盘破裂是指围绕髓核的纤维环破裂，这时会有强烈的疼痛感。特别在久坐或久站后想换姿势时疼痛不已，活动腰部时也会变得十分困难。

生活小保健

让脊椎保持一个月的休养状态，尽量不要过度使用脊椎，尽可能地卧床休息。另外要佩戴好紧身束腰等护具，以限制腰部的活动，有助于椎间盘修复。

对症拉伸操

臀部肌肉拉伸 1

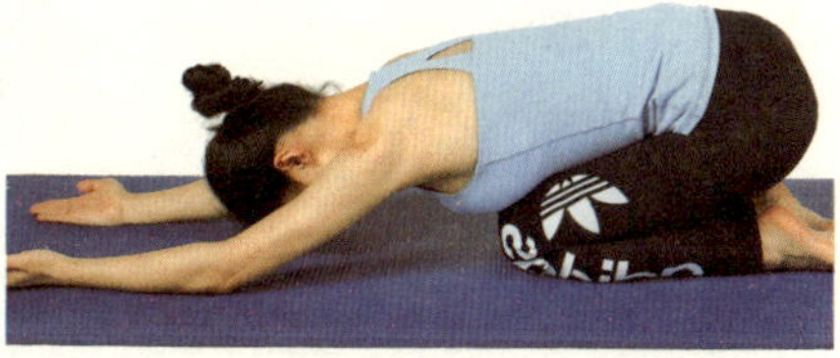

腰背肌肉拉伸

侧腹部疼痛，姿势不良的后遗症

不少人都曾经侧腹部疼痛过，一般都是姿势不良造成的，长时间姿势不良地坐着工作、看书、用电脑等，或者长时间使用不正确的姿势运动都有可能引发侧腹部疼痛。那么造成侧腹部疼痛的本质原因是什么呢？多数是肌肉疼痛引起的，也有可能是肾脏或胃脏出问题。如果长时间侧腹部疼痛，就得上医院检查一下内脏是否异常。

长时间伏案学习的学生抑或伏案工作的成年人容易发生脊椎侧弯的状况；经常玩高尔夫球的人由于习惯向某一侧挥杆，可能会造成脊椎和盆骨歪斜；经常用电脑的人，容易让身体侧重于某一侧，从而导致这一侧的肌肉活动不足而渐渐萎缩，时间一长，萎缩的肌肉就会僵硬，甚至出现粘连的情况。以上这些情况都会导致侧腹部疼痛。

生活小保健

为了避免侧腹部疼痛，从而引发更严重的身体疾病，日常生活中要尽可能维持脊椎正确的姿势，伸懒腰也可以很好地纠正脊椎。脊椎不舒服的时候，每 10 分钟伸一次懒腰，即使坐着也可以操作。也可以用手指扭拧侧腹部肌肉，可以预防肌肉僵硬，亦能减轻疼痛。

对症拉伸操

腹部肌肉拉伸 1

腹部肌肉拉伸 2

腰痛成因多？椎间盘突出或脊椎关节造成

腰痛种类繁多，或是因上背疼痛而引发的骨盆疼痛，或是因弯腰、后仰、扭转时引起的疼痛。腰痛的根源可能来自于脊椎、脊椎关节、腰部肌肉、韧带、椎间盘、神经等部位，疼痛程度因人而异。有的人肌肉酸痛，有的人关节疼痛，有的人肌肉和关节都疼痛。

当我们弯腰时感觉到疼痛，那多半是与椎间盘突出有关。如果椎间盘突出，那么当我们弯腰时，椎间盘就会向后推挤，压迫到神经从而引发疼痛，严重时，腿部都能感觉到疼痛。

另外，腰部肌肉与骨盆后端相连，当肌肉紧缩而僵硬时，就很难再伸展开，此时过度伸展反而会拉伤或者撕裂肌肉，从而引发腰痛。特别是关节处肌肉受到拉扯时，疼痛感会更加明显。僵硬的韧带在弯腰时被拉开也会引发腰痛。正常情况下，韧带在伸展的时候不应该产生疼痛，应有舒适感。

当我们伸懒腰或后仰时腰部感到疼痛，多半是与脊椎关节狭窄有关。由于脊椎的小面关节位于腰椎后方，当腰部向后仰时，关节就会相互碰撞而引起疼痛。

对症拉伸操

下半身肌肉拉伸

生活小保健

1. 仰卧，双脚分开与肩同宽，膝关节屈起并拢，双手上举过头平放，掌心向上或者向内掌心相对。

2. 长期伏案工作，注意定时改变和调整姿势和体位，或做简单的放松运动。

弯腰时下肢酸痛？多半是椎间盘突出

脊椎的椎间盘是软骨，但与膝盖关节里柔软的软骨不同，椎间盘的软骨比较硬，目的是为了支撑脊椎的重量。一旦椎间盘无法承受脊椎施加的压力时，就会出现劳损或破裂的状况。椎间盘突出就是椎间盘被挤到神经而压迫到神经，而这里的神经通向两个地方——腰部和下肢。

当椎间盘压迫到通往腰部的神经时，就会引发腰痛；反之，压到通往下肢的神经时，就会引发下肢酸痛。

椎间盘突出可分为三种：膨出型、突出型和脱出型。膨出型是初期症状，而脱出型是最严重的。如果是椎间盘突出，要多注意改正不良姿势。正确的姿势可以减少椎间盘的压力，防止突出型恶化成脱出型。例如，躺着的姿势对椎间盘施加的压力是最小的，为零，站着是 100 千克，坐着是 200 千克，而弯腰可达 300 千克。因此，椎间盘突出患者在日常生活中要尽量避免坐姿，洗脸时也尽量避免弯腰。如果避免不了坐姿，那就尽量把腰部打直。

对症
拉伸操

腹部肌肉拉伸 2

生活小保健

平躺起身时，建议先把身体侧向一边再缓缓爬起。搭乘公交时也尽量避免坐着，每天多走走不仅可以减少椎间盘的压力，还可以稍微减轻发炎疼痛的现象。另外，还可以利用按摩或伸懒腰放松腰部肌肉。

侧弯腰时会痛？小面关节发生问题

向前弯腰会痛？向左右弯腰会痛？打球腰部也会痛？多半是小面关节发生问题。脊椎有两种关节，一种是存在于椎间盘的关节，另一种是位于后方的小面关节。

当腰往前弯或大幅度左右弯腰时，小面关节一侧互相撞击，另一侧则被拉开。被撞击的那一侧会因碰撞而产生疼痛，被拉开的一侧则会随着分离而产生疼痛。打球时因为大幅度向某一侧转腰，使该侧的小面关节碰撞，产生发炎。严重时，变粗大的关节会往神经处生长，从而引发脊椎狭窄症。

生活小保健

腰痛患者挺直脊椎，像超人姿势般做上下伸展运动，并尽量避免向前后弯腰或向左右弯腰。另外可以做一些强化脊椎的运动，区别于椎间盘突出的操作方法，可采取脊椎弯曲运动。

对症拉伸操

臀部肌肉拉伸 2

腰背部肌肉拉伸

手肘的简易拉伸操

手肘指的是上臂与前臂相接处向外凸起的部分，也叫胳膊肘。肘关节是支撑手肘活动的关键。肘关节由肱骨下端和尺骨、桡骨上端构成，包括三个关节，即肱尺关节、肱桡关节和桡尺近侧关节，可做前屈、后伸运动，也参与前臂的旋前和旋后运动。

哪些症状可以看出手肘痛

自我检查时，如果有以下症状，那就说明手肘有疾患，要坚持做手肘伸展以舒缓手肘疼痛。

1 伸直手臂时，手肘会有刺痛感，轻压手肘会有疼痛感。

2 做排球、篮球、棒球、羽毛球等运动项目，在应用到手肘部分时，手肘内侧与外侧会时常感受到疼痛感。

3 在提拿搬运重物时，手肘会有疼痛感，但是只要休息一会儿，疼痛感就会有所缓解。

4 紧握拳头，或拧毛巾，或转动前臂和手腕，或用手臂支撑身体的时候，经常会出现疼痛感。

5 长时间使用电脑工作敲打键盘，手肘会感到僵硬不适。

6 严重的时候，手臂难以弯曲和伸直，甚至无法操作拿筷子、拿水杯、转动门把、洗吹头发等简单的日常动作，晚上睡觉会被疼醒。

基础操作步骤

手背相对拉伸

拉伸手肘外侧肌肉，减轻疲劳的同时缓解疼痛。

❶ 抬头挺胸站好，双脚与肩同宽，两眼目视前方，手背相对紧贴，置于肚脐前。

❷ 缓缓地将双臂高举至肩膀的高度，保持 15 秒后再缓缓放下。重复操作 3 次。

操作要点：活动双臂时，手背不能分开，腰背部保持挺直。

手肘内侧肌肉拉伸

拉伸手肘内侧肌肉，减轻疼痛与疲劳感。

❶ 抬头挺胸站好，双脚与肩同宽，两眼目视前方，一只手臂伸直与肩同高，手掌向前，手指向下。

❷ 另一只手紧握伸直的手，轻轻向下拉，拉到身体可承受之处保持 15 秒后慢慢恢复原状。重复操作 3 次后再换边操作。

操作要点：下拉的时候，手肘尽量伸直，效果更佳。

手肘外侧肌肉拉伸

拉伸手肘外侧肌肉，减轻疼痛与疲劳感。

❶ 抬头挺胸站好，双脚与肩同宽，两眼目视前方，一只手臂伸直与肩同高，手背向前，手指向下。

❷ 另一只手紧握伸直的手，轻轻向下拉，拉到身体可承受之处保持 15 秒后慢慢恢复原状。重复操作 3 次后再换边操作。

操作要点：下拉的时候，手肘尽量伸直，效果更佳。

活动手腕拉伸运动 1

强健外侧手肘肌肉，减轻疼痛。

❶ 臀部半坐，身体前倾，一只手手肘置于膝盖上，手掌紧握水瓶，另一只手搭在手腕上。

❷ 紧握水瓶的手腕往上抬，保持 15 秒，然后往下弯，保持 15 秒。重复操作 3 次后再换边操作。

操作要点：手肘贴好膝盖，尽量不离开膝盖。

活动手腕拉伸运动 2

强健外侧手肘肌肉，减轻疼痛。

❶ 臀部半坐，身体前倾，一只手手肘置于膝盖上，手掌紧握水瓶，另一只手搭在手腕上。

❷ 紧握水瓶的手腕向外慢慢转动 15 秒。重复操作 3 次后再换边操作。

操作要点：手肘贴好膝盖，尽量不离开膝盖；转动手腕时，手臂保持不动。

手掌撑地拉伸

放松手肘外侧的紧绷肌肉。

❶ 跪下，两膝盖微张，两手掌撑地，十指正对两膝盖，腰背挺直。

❷ 臀部慢慢往后坐紧贴后脚跟，手肘伸直，保持 15 秒后恢复原状。重复操作 3 次。

操作要点：注意不要将身体过度压在手背上，以免受伤。

不同病症导致的手肘痛

前臂僵硬且发麻？肌肉过度紧绷所致

相信不少人在长时间玩电子产品后，都会感到从手指延到前臂的难以言喻的僵硬与麻痹感。你可能以为这是肌肉疲劳或血液循环不畅通，其实，这是肌肉紧绷所致。

肌肉就像锁链般，相互牵连，当某处的肌肉紧绷，与之相连的肌肉也会受影响。手指的肌肉是从手肘和前臂肌肉相连而来，因此当手指疼痛或发麻时，前臂和手肘多半也会随之疼痛。

这种现象常常出现在过度使用手部，或经常出力者的身上，临床上主要表现为前臂僵硬，按压时感到疼痛，即使没做任何活动，手臂也有发麻感，连手指也有。

生活小保健

要缓解肌肉紧绷带来的麻痹僵硬，可使用按摩疗法。平时可用手触摸到斜角肌的位置，进行点压松解。或是松解前臂肌肉群，直接用手指或按摩球放松下方部位，最后松解手掌肌肉群 。

对症拉伸操

手肘内侧肌肉拉伸

手掌撑地拉伸

手肘痛麻？多为网球肘或高尔夫球肘

网球肘和高尔夫球肘是两种常见的肘关节伤病，因多发于需要肘关节大幅度或反复屈伸类项目（如标枪、铅球、棒球、网球、羽毛球、排球等）的运动员或业余爱好者而得名。

一般而言，手肘外侧疼痛者，被称为“网球肘”，学名为“肱骨外上髁炎”。由于网球的反拍动作中，手腕向内弯曲时，外侧的手背肌腱会拉长，使之受刺激，进而使得伸长的肌肉和肌腱受损。

反之，手肘内侧疼痛者，就被称为“高尔夫肘”，学名为“肱骨内上髁炎”。因为当手腕向后弯曲时，手掌侧的肌肉和肌腱伸长，在遇到外力冲击时会受伤。

除网球、排球等运动外，长期使用电脑、洗衣机或打扫等，以及过度使用手部时，肌肉和肌腱过度负荷，与手肘处的骨骼相接的肌腱因摩擦而发炎受伤，也会使手肘产生痛麻感，故减少运动量是康复的关键。

对症拉伸操

活动手腕拉伸运动 1

生活小保健

建议平时工作或者要握持物品的时候需要注意手的姿势，尽量减轻手部的用力，不要受凉，注意肘部的保温。腕部不要频繁做屈伸动作，不要用力过猛，不要用力过久。

手腕的简易拉伸操

手腕指的是人体连接手掌和前手臂的部位，也称腕部，主要局部结构为腕桡侧管、腕尺侧管、腕管。球类运动损伤中，手腕、前臂和肘关节的伤病就占了24%，因此，强壮的手腕、前臂和肘关节对球类运动至关重要。运动员要建立正确合理的训练强度，增强前臂和手腕周围的力量，提高手腕的活动幅度和灵活性。

哪些症状可以看出手腕痛

自我检查时，如果有以下症状，那就说明手腕有疾患，要坚持做手腕伸展以舒缓手腕疼痛。

1 突然感觉手腕无力，无法打开瓶盖或者转动钥匙、门把或拧毛巾。

2 开车转动方向盘，或做家务、擦窗户时，疼痛可延展到手臂。

3 长时间使用电脑或手机后，感觉手腕有负重感。

4 严重时，手会变得毫无知觉，无法用力抓住任何物品，疼痛感与感官障碍日渐严重。

基础操作步骤

合掌下压拉伸

提高手肘肌肉的柔软度，活动手肘关节。

❶ 抬头挺胸站好，双脚与肩同宽，两眼目视前方，双手合十，抬至与肩齐平。

❷ 手掌紧贴下移至腰部，保持 15 秒再慢慢恢复原状。重复操作 3 次。

操作要点：在下移过程中，手掌需紧贴不能分开。

反向手掌下压拉伸

提高手肘肌肉的柔软度，活动手肘关节。

❶ 抬头挺胸站好，双脚与肩同宽，两眼目视前方，一只手与身体呈 45° 伸直，手掌向前。

❷ 另一只手抓住伸直的手指，往身体方向提拉，保持 15 秒再缓缓回正。重复 3 次后再换边操作。

操作要点：身体尽量摆正，保持手臂伸直不弯曲。

手掌撑地拉伸

放松手腕的紧绷肌肉。

❶ 跪下，两膝盖微张，手掌反向撑地，手臂垂直于地面，十指正对两膝盖。

❷ 臀部慢慢往后坐紧贴后脚跟，手肘伸直，保持 15 秒后恢复原状再重新操作。重复操作 3 次。

操作要点：臀部往后坐时，手掌不要离地。

毛巾提拉手臂运动

强健手臂肌肉，提升手腕肌力，减缓疼痛。

❶ 臀部半坐，身体前倾，一只手手肘置于膝盖上，手掌紧握毛巾。

❷ 用力握紧毛巾，保持 15 秒后再慢慢松手，重复 3 次后再换边操作。

不同病症导致的手腕痛

手腕酸痛难出力？肌腱发炎了

手腕处有许多密集且发达的肌腱，相连各个手指。若过度使用手指，会导致肌腱互相摩擦。起初只会轻微发炎，留下伤口，待伤口愈合后，则会留下疤痕而增厚，增厚的组织互相碰撞时就会出现声音并伴随疼痛。

大多数肌腱炎在大约两周内可以好转，但慢性肌腱炎可超过 6 周。为促进炎症愈合，肌腱炎患者在生活中可多加调理。

生活小保健

1. 用冰袋冷敷肌腱炎部位以减轻炎症和疼痛，坚持一段时间，直至炎症消退。
2. 尽量将肌腱炎部位抬高到高于心脏的位置，或是使用夹板将肌腱炎部位固定在适当的位置，以便有效控制炎症症状，缓解疼痛。

对症拉伸操

合掌下压拉伸

毛巾提拉手臂运动

手指肿胀僵硬？是“扳机指”

清晨醒来，手指不能伸直、屈曲，手指掌侧关节位置感觉酸胀、疼痛，严重者会出现弹响，甚至绞锁，这种枪栓样的动作及弹响就是手指屈肌腱鞘炎，是最为常见的手外科疾病之一，又被称为“扳机指”或“弹响指”。

“扳机指”主要是因为发炎症状长久未获治疗，而导致肌腱增厚的现象，和关节炎患者膝盖组织增生的道理相同。打字员、器乐演奏家、银行工作人员、货物搬运员等需要长期重复工作的人是扳机指的高发人群。

生活小保健

在患病初期，手指尚能自主弯曲伸直时，可以尝试保守治疗，如减少活动、避免用力、避免接触冷水、使用温经通络药包外敷、中药外洗、照射红外线、中频电机超短波物理治疗等。如保守治疗无效，或者已经进入患病末期，则可选用手术切开松解肌腱。

对症拉伸操

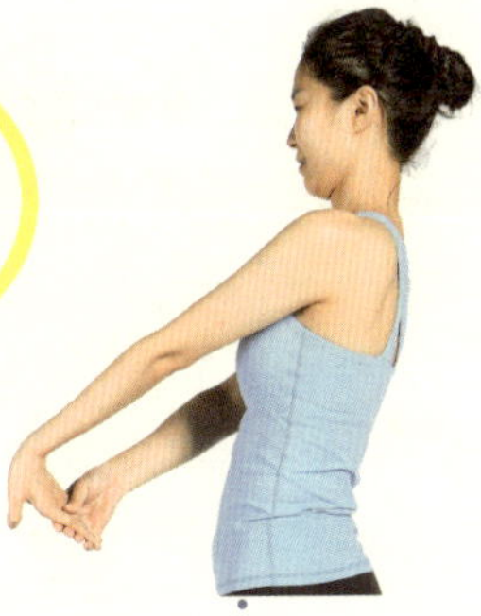

反向手掌下压拉伸

合掌下压拉伸

指关节肿胀变形？可能是类风湿关节炎

导致手关节肿胀变形、疼痛的病因有很多，但如果加上晨僵（早上起床后手指僵直握不拢），就要考虑是不是类风湿关节炎了。

类风湿关节炎始于青壮年，女性居多，病变常双侧对称，以手足小关节受累最常见。反复发作的关节疼痛、肿胀、活动受限，有明显晨僵现象，活动后关节僵硬逐渐减轻，这些都是其典型表现。

现代医学为这些症状的产生提供了很好的解释：类风湿关节炎的“肿大”“疼痛”和“变形”的原因是关节产生的“炎症”。

所谓炎症，就是针对外界各种各样的刺激，产生保护机体的防御反应之一。比如受伤的皮肤脱落时，皮肤组织就会尽力恢复为原来的样子，这是一种炎症反应。

同理，外伤和劳损的疼痛、肿大、发热和发红都是炎症反应导致的结果。

但是，类风湿关节炎攻击的对象并不是异物而是自身的成分，铲除攻击对象就变得十分困难，所以类风湿关节炎目前还没有彻底的治疗方法。

需要注意的是，关节损坏变形是一个不可逆的过程，如果有类似症状一定要立即去医院进行详细的检查，确诊后应积极配合治疗，不要延误病情。

对症拉伸操

毛巾提拉手臂运动

生活小保健

每天清晨起床之前，在床上进行握拳动作，速度不宜过快，但握时应用力握紧，每天做 50 ~ 100 次。这样可以缓解手指关节肿胀引起的不适。

骨盆的简易拉伸操

骨盆由左右髋骨和骶、尾骨以及其间的骨连接构成。骶骨与髂骨和骶骨与尾骨间，均有坚强韧带支持连结，形成关节，一般不能活动，妊娠后在激素的影响下，韧带稍许松弛，各关节因而略有松动，对分娩有利。人体直立时，骨盆上口平面向前下倾斜，女性的倾斜度比男性稍大。女性骨盆是胎儿分娩出的产道，所以男女骨盆有着显著的差异。

哪些症状可以看出骨盆痛

自我检查时，如果有以下症状，那就说明骨盆有疾患，要坚持做骨盆伸展以舒缓骨盆疼痛。

1. 上班族每天久坐在电脑前工作，臀部会有僵硬酸痛的感觉。
2. 盘腿坐在地上，时间一长会觉得臀部不适，严重时甚至无法盘腿。
3. 腰部和臀部经常同时感到不适，用拳头敲打可以缓解不适。
4. 严重时，走路的时候大腿内侧会痛，时间越久痛得越厉害，甚至走路都一跛一跛的。
5. 严重时，臀部疼痛会突然加剧，站着痛得更厉害。

基础操作步骤

髋关节拉伸 1

拉伸臀部肌肉与髋关节的深层肌肉，减轻疼痛。

❶ 平躺在地，屈膝，一只脚架在另一边膝盖上，像躺着跷二郎腿。

❷ 十指紧扣，抓住立起来的膝盖往胸口方向压，保持 15 秒再恢复原状。重复操作 3 次后再换边操作。

操作要点：保持身体不摇晃，不往旁边倒，头部紧贴在地。

髋关节拉伸 2

拉伸连接腰部与臀部的肌肉，减轻疼痛。

❶ 平躺在地，屈膝，一边大腿架在另一边大腿上。

❷ 往架起的腿的方向轻压，保持 15 秒后回正，反复操作 3 次再换边操作。

操作要点：压腿时，保持两边肩膀贴地。

夹枕桥式拉伸

强健腿部内收肌、臀部肌肉与大腿后侧肌肉，减轻疼痛。

❶ 平躺在地，两手平放在大腿两侧，屈膝，双脚微张，双腿间夹抱枕。

❷ 夹紧抱枕，抬起臀部，让胸部与腹部成一直线，保持6秒再放下臀部。反复操作6次。

操作要点：臀部不必抬得太高，保持身体平稳即可。

骨盆内侧肌肉拉伸

拉伸腰臀部肌肉，减轻腰部疼痛。

❶ 端坐在地上，一只腿伸直，另一只腿做盘腿状，双手放在两侧膝盖上。

❷ 轻压盘腿状的膝盖，保持10秒后休息5秒再重新操作。反复操作5次后再换边操作。

操作要点：腰部保持挺直状态。

侧腹髋关节拉伸

拉伸腰部肌肉、髋关节外侧韧带与肌肉，舒缓疲劳，减轻疼痛。

❶ 站在墙壁旁，间隔半只手臂的距离，用手臂支撑墙面，双脚交叉站。

❷ 前脚弯曲，后脚尽可能向后伸直延展，保持 15 秒后恢复原状。重复操作 3 次后再换边操作。

操作要点：注意保持腰背伸直，提臀，臀部不要向后移。

不同病症导致的骨盆痛

臀部酸、痛、麻？坐骨神经受压迫

生活中经常能听到有人抱怨，坐的时间一久就会感到臀部酸麻胀痛，有时小腿前后侧也会发麻，甚至会麻到脚趾。

对此，医生分析可能是臀部肌肉增厚发炎，增厚的肌肉压迫坐骨神经，引起疼痛。

这种情况常见于久坐人群。由于骨盆歪斜时，体重压在身体某一侧，该侧的臀部肌肉因承受过大压力而受损，甚至变得紧绷；而紧绷和僵硬的肌肉会压迫到穿过其间的坐骨神经，造成坐骨神经痛。

生活小保健

最佳的改善方法就是从日常生活做起，避免将体重施加在臀部的某一侧，要平均分布重量，不可以跷二郎腿。此外，拍拍臀部也可以改善脑部供血。敲打尾骨和臀部的承扶穴，可以刺激督脉与膀胱经的气血运行，起到改善脑部供血、活血益气的功效。

对症拉伸操

夹枕桥式拉伸

骨盆内侧肌肉拉伸

运动后臀部疼痛？小心滑囊发炎

滑囊是存在于肌腱和骨头、肌肉和肌肉、肌腱和肌腱间的一种缓冲结构，外层为纤维结缔组织，内层为滑膜，平时膜内有少量黏液，其作用主要是减轻组织与组织间的摩擦，以防发炎。凡摩擦力或压力较大的地方，都可有滑囊存在。而当滑囊作用到极限的时候就会发炎，也就是所谓的滑囊炎。

滑囊发炎，听起来十分陌生，临床上却不乏这种病例，尤其在劳动者和运动员之间最为常见。如健身运动前缺乏拉伸，健身后突然感到臀部疼痛，便有可能是滑囊炎。

值得注意的是，虽然滑囊炎不是大病，只要减少工作量和运动量就能改善，但也不能就此忽视。一旦确诊，应避免引起创伤或劳损的运动，减少屈伸活动。

生活小保健

可采用按摩方法在患部及大腿前后侧操作，伸屈患侧下肢 10 次左右， 拍击患部及下肢 2 ~ 3 分钟。可配合按摩乳等外用治伤药膏擦热患部。按摩手法要轻柔，并可配合湿热敷，每日 1 次，每次 10 分钟。注意热敷的温度，不要烫伤皮肤。

对症拉伸操

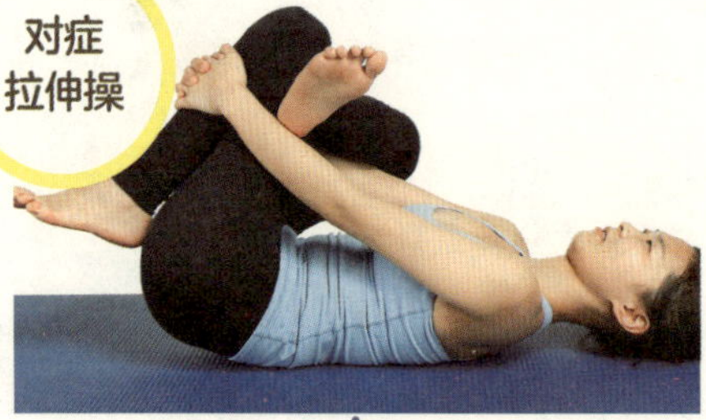

髋关节拉伸 1

侧腹髋关节拉伸

坐时尾椎疼痛？因尾椎前弯受压迫

以驼背姿势坐在质地硬的椅面时，时间一长，就会感到尾椎疼痛。

这是因为正常的脊椎形状应该是脊椎骨往前弯曲、后侧向内凹，而驼背会导致骨盆一起往后倾，使尾椎直接接触坚硬的椅面，因而产生疼痛。这时，尾椎向前弯，遭到压迫而疼痛，韧带和肌肉也会感到痛楚。

除此之外，臀部着地摔跤时，也可能使尾椎弯曲，造成骨头和韧带疼痛。

生活小保健

对于尾椎骨疼痛的患者而言，最重要的是尽量减少或避免患处承受压力，坐的时候可在椅子上摆个类似救生圈的减压坐垫，减轻患处压力。平时还可以适当参加一些运动。

有时医生会建议患者在打完封闭后再去操场跑 10 圈，道理是在跑步过程中，臀大肌的收缩会把尾骨的错位恢复正常。矫正治疗时，患者必须采取正确的坐姿，腰背打直，让腰椎能够成为前弯姿势；此外，注意不要让尾椎顶到椅面或地面。

对症拉伸操

髋关节拉伸 2

骨盆内侧肌肉拉伸

膝盖的简易拉伸操

膝盖是人体部位，位于大小腿之间的连接处。膝盖的主要内部组成结构为半月板以及四条韧带。

半月板为膝内部股骨下端和胫骨上端之间的接连处所垫的一块新月形的纤维软骨组织，作用是缓冲膝关节的震动，以及避免两块骨头的直接摩擦。四条主要的韧带支撑着半月板，其中有两条在膝的两侧，称为中侧突韧带和外侧突韧带，主要功能是防止膝部轴离位；另外两条韧带则分别分布在膝前后方，称为前十字韧带和后十字韧带，作用是防止膝部前后移位。

哪些症状可以看出膝盖痛

自我检查时，如果有以下症状，那就说明膝盖有疾患，要坚持做膝盖伸展以舒缓膝盖疼痛。

1 膝盖有发热感，偶尔感觉膝盖发软无力，脚摆不正。

2 长时间走路或者跑步，膝盖会感觉僵硬且疲惫，用热毛巾热敷可以缓解症状。

3 爬楼梯时，会感觉膝盖特别费劲，需要停下休息才能继续。

4 屈膝跪下时，胫骨会产生疼痛感。

5 严重时，膝盖难以活动，既伸不直也弯曲不了，膝窝紧绷又僵硬并且肿胀。

6 不能久坐，一旦坐着超过 30 分钟，膝盖就会痛。

基础操作步骤

大腿前侧拉伸

强健大腿前侧肌肉和膝盖骨。

❶ 臀部半坐，抬头挺胸坐好，两眼目视前方。

❷ 抬起一只脚，尽量抬高伸直与大腿齐平，勾起脚背，保持6秒后放下。重复操作6次后再换边操作。

操作要点：抬腿时尽量保持身体平衡。

大腿前侧肌肉拉伸

拉伸大腿前侧肌肉，强健膝盖骨，减轻疼痛。

❶ 侧躺，一只手撑住头部。

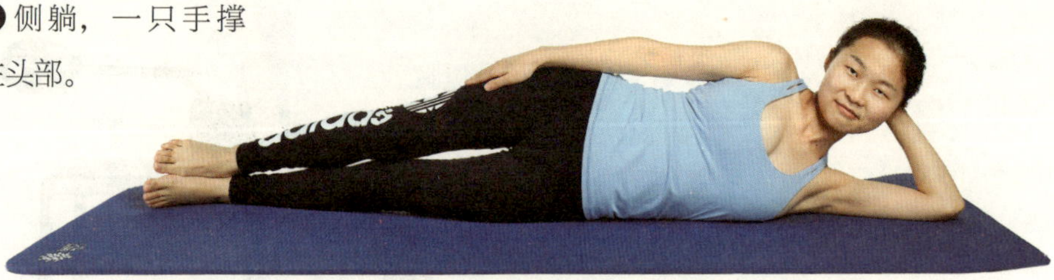

❷ 一只脚向后，并用手抓住脚背，用力往臀部方向提拉，让脚心紧贴臀部，保持 15 秒后恢复原状。重复操作 3 次后再换边操作。

操作要点：保持身体平衡，注意不要摇晃，两边膝盖不可以分得太开。

大腿后侧肌肉拉伸

拉伸大腿后侧肌肉，减轻膝盖疼痛。

❶ 端坐在地上，一只腿伸直，另一只腿做盘腿状，腰背挺直。

❷ 双手向前抓住伸直腿的脚尖，并往回拉，保持 15 秒后松手恢复原状。反复操作 3 次再换边操作。

操作要点：轻拉脚尖时，保持腰背部挺直。

膝盖前侧肌肉拉伸 1

拉伸大腿前侧肌肉与膝盖骨，减轻膝盖疼痛。

❶ 双腿伸直，坐在地上，并将毛巾卷好置于小腿肚下方，双手撑在身后，上半身向后微倾。

❷ 勾起垫毛巾的脚背，让脚后跟离地，保持 6 秒后放松。重复操作 6 次后换边操作。

操作要点：勾起脚背时，膝盖要紧贴毛巾不能离开。

膝盖前侧肌肉拉伸 2

拉伸大腿前侧肌肉与膝盖骨，减轻膝盖疼痛和增加膝盖的稳定度。

❶ 双腿伸直，坐在地上，一腿弯曲，并将毛巾卷好置于需操作的脚踝下方，双手撑在身后，上半身向后微倾。

❷ 让垫毛巾的膝盖紧贴地面，勾起脚背，保持 6 秒后放松。重复操作 6 次后换边操作。

操作要点：大腿前侧施力，保持身体平衡。

膝盖骨肌肉搓揉

放松膝盖骨周围的肌肉，缓解膝盖疼痛。

❶ 双腿伸直，身体放松躺在地上。

❷ 抬起一侧膝盖，双手按住膝盖骨往上下左右搓揉。

操作要点：进行提拉时，腿部注意放松，不要太紧绷。

不同病症导致的膝盖痛

大腿酸痛？别让肌肉负荷过重

爬楼梯时，大腿前侧的股四头肌呈离心收缩而紧张，当超过负荷时，就会产生痛感。一些常见的运动，如跳跃或快跑，也可能造成肌肉拉伤。若抬腿时感到剧烈疼痛，就要怀疑是不是肌肉撕裂。

要预防大腿酸痛，根据自身情况制定合理的健身计划是非常重要的。运动时需要注意保证全身各个部位的肌肉都能得到一定锻炼，避免个别部位的肌肉负担过大。当然，运动前后的准备运动与整理运动对于预防肌肉酸痛也很重要。

生活小保健

如果已经出现大腿肌肉酸痛的情况，可以采取做伸展运动、涂抹药膏、冰敷、温水浴及桑拿浴等方法减轻疼痛。另外，口服维生素 C 有促进结缔组织中胶原合成的作用，也有助于加速受损组织的修复和缓解酸痛。

对症拉伸操

膝盖前侧肌肉拉伸 1

膝盖前侧肌肉拉伸 2

长年关节炎？多半是软骨骨折

生活中常能听到“软骨磨损”这个词，但大概很少人听过软骨骨折，甚至可能还有人要问上一句：“软骨也会骨折？”

事实上，软骨骨折指的是软骨出现裂缝。当裂缝小的时候，疼痛不明显，这是因为软骨不容易感受到痛觉；之后在剧烈运动时，裂缝逐渐增大，就会引起关节肿胀疼痛。

当软骨骨折时，重要的是强化肌力，以保护膝盖。此外，关节骨折复位后，要依实际情况做好适当固定，防止骨折块再次移位。若关节功能活动在较长时间后仍存在疼痛，应及时进行磁共振检查，对于畸形愈合要及早纠正。

生活小保健

尽量避免做某些动作，如蹲马步、长时间下蹲、反复爬楼梯、提着很重的东西走远路等，它们都会让膝盖负担过重，会让本来就脆弱的膝盖问题雪上加霜。治疗上，可选择口服药物或手术治疗，辅以适当的物理治疗。

对症拉伸操

大腿前侧拉伸

膝盖前侧肌肉拉伸 2

膝盖前侧疼痛？髌骨肌腱发炎所致

当膝盖疼痛时，多数人会联想到关节炎。不过关节炎引起的疼痛通常发生在膝盖内侧，如果疼痛主要发生在膝盖前侧，则可能是髌骨肌腱炎。

髌骨肌腱发炎，其实就是临床上常说的“髌腱炎”，跳跃、踢腿动作过多都会导致髌腱末端受损，进而出现炎症、疼痛。与普通运动相比，篮球、足球、排球、跳高等经常需要起跳的运动更容易引起髌腱炎。

髌腱炎主要表现为蹲跳时膝关节疼痛，行走平路不受影响，查体可及髌下深压痛。根据其临床表现，一般可分为四期：运动后出现膝关节疼痛；开始运动时出现疼痛，运动中疼痛消失，运动后出现疲劳和疼痛；运动时和平时均出现疼痛；髌腱撕裂。

生活小保健

急性期的髌腱炎应使用冰敷，每小时冰敷患区 20 分钟。急性期过后，制定适合的康复计划，提高肌肉的强度，恢复活动范围。洗按摩浴可帮助提高体温，并促进血液循环。若肌腱炎发生在膝盖部位，可用温湿的毛巾热敷。

对症拉伸操

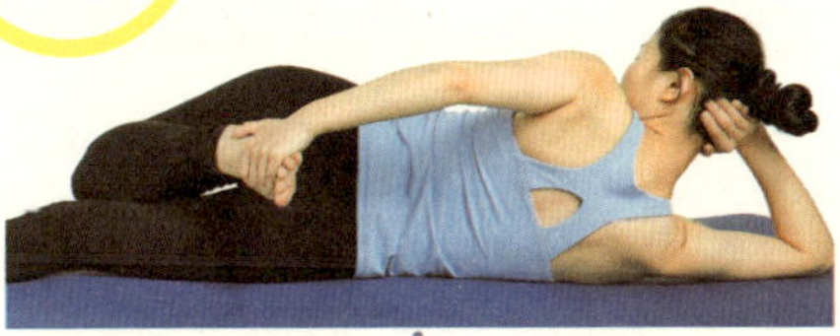

大腿前侧肌肉拉伸

大腿后侧肌肉拉伸

脚踝的简易拉伸操

在解剖学上，脚踝也叫踝关节，是人类足部与腿相连的部位，组成包括 7 块附骨加上足部的跖骨和小腿的骨骼。脚部是人的第二心脏，而脚踝是左右脚部血液流动的重要关口。

脚踝是脚部血液流经的重要部位，如果脚踝柔软有弹性，则回心的静脉血液就能顺利通过脚踝；如果脚踝僵硬、老化，则回心血液就会瘀滞在脚踝附近，使正常的血液循环受到影响。

一旦踝关节扭伤，就会影响到人的日常生活，局部软组织（肌肉、血管及韧带）或因暴力损伤而出血或渗血，使踝部肿胀疼痛，活动后症状会加重。

哪些症状可以看出脚踝痛

自我检查时，如果有以下症状，那就说明脚踝有疾患，要坚持做脚踝伸展以舒缓脚踝疼痛。

1. 穿高跟鞋或做运动时，脚踝容易扭伤或者发软无力。
2. 经常产生脚踝容易扭伤的错觉，不敢过度使用脚踝而导致脚踝越来越细。
3. 活动脚踝时经常发出“咔咔”的声音。
4. 严重时，脚踝周围会肿胀发烫且有疼痛感，走路 5 分钟，疼痛越来越剧烈。

基础操作步骤

轻压脚背下肢拉伸

拉伸胫骨肌肉，提高脚踝柔软度。

❶ 抬头挺胸站好，一脚站直，另一只脚向后伸直，脚尖往后点。

❷ 双脚屈膝，轻压后脚脚背，让其接触地面，维持 15 秒后膝盖伸直。重复操作 3 次后换脚操作。

操作要点：保持腰背挺直，切勿将体重过度压于后脚背上，以免受伤。

小腿肌肉拉伸 1

拉伸小腿肌肉，减轻疼痛，提高脚踝的柔软度。

❶ 面对墙壁端正站好，双手贴墙，与墙壁间隔 30 厘米的距离，将患脚尽可能地向后移。

❷ 前脚膝盖弯曲，尽量伸直后脚小腿，臀部有紧绷感，保持 15 秒回正。重复操作 3 次。

操作要点：后脚跟注意紧贴地面，与小腿线条成一直线。

小腿肌肉拉伸 2

拉伸小腿肌肉，减轻疼痛，提高脚踝的柔软度。

❶ 抬头挺胸站好，双手扶着椅背，双脚微张，两眼目视前方。

❷ 慢慢抬起脚后跟，抬至脚趾可承受的角度再慢慢放下脚后跟，操作 6 秒。重复操作 6 次。

操作要点：抬脚时，保持腰背挺直，臀部不可向后凸起。

脚踝肌肉拉伸

强健脚踝周围和胫骨的肌肉。

❶ 双腿伸直，坐在地上，并将毛巾卷好置于需操作的脚踝下方，双手撑在身后，上半身向后微倾。

❷ 让垫毛巾的膝盖紧贴地面，用脚踝写数字（1、2、3）10 次。重复操作 3 次后再换脚操作。

操作要点：只活动脚踝，尽量保持脚踝以上的部位不动。

脚趾抓地脚踝活动

强健脚踝外侧肌肉和脚掌肌肉，提高脚踝稳定性。

❶ 臀部半坐，抬头挺胸坐好，两眼目视前方。地上铺毛巾，踩上一只脚。

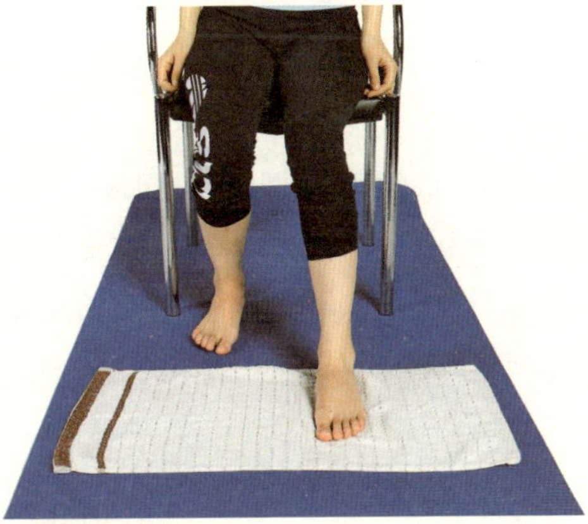

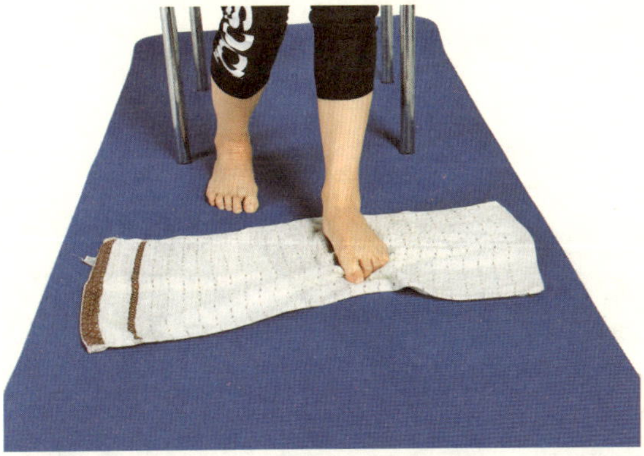

❷ 用脚趾抓住毛巾，以脚后跟为圆心，向外推毛巾 10 次，休息 5 秒。反复操作 3 次后换脚操作。

操作要点：推毛巾时，只运用脚踝的力量，腿部不动。

不同病症导致的脚踝痛

盘腿时双脚麻痛？肌肉过度伸展所致

盘腿这一动作在瑜伽中是最基本的动作，随着生活水平的提高和瑜伽的兴起，练习瑜伽的人数越来越多。但对于不少人来说，当已经习惯坐在椅子上时，偶尔舒适的盘腿却会随着时间延长而变得浑身难受，以腰脚麻痛尤为明显。

骨盆因盘腿坐而疼痛的部位，主要发生在骨盆的前端内侧。因为大腿前端和内侧不常使用的肌肉萎缩僵硬，再加上盘腿的姿势让肌肉过度伸展，很容易就引起抽筋和疼痛的现象。

生活小保健

1. 脚底相对而坐，腰背打直，保持 30 秒。
2. 头部向前压，尽可能靠近脚底，保持 30 秒。
3. 坐在椅子上，一脚放在另一脚的膝盖上，对抬起的一边膝盖施加压力，保持 30 秒，换边操作。

对症拉伸操

轻压脚背下肢拉伸

小腿肌肉拉伸 1

脚踝扭伤，肿胀疼痛不止怎么办?

女性朋友们喜欢穿高跟鞋，认为鞋跟越高，越能显得腿长，走在路上鞋跟与地面产生的“哒哒哒”声响，更让人觉得气场十足。高跟鞋的确给女性朋友们的外形加分，但是稍不注意，就很容易扭伤，并且可能出现肿胀的现象。

当脚踝扭伤而肿胀时，若不赶紧消肿，肿胀部位很容易发生炎症，持续僵硬化，这时按压肿胀部位有疼痛感，并且让人无法活动。

人们对脚踝扭伤有这样的误解：疼痛减轻就是痊愈。然而事实并非如此。当受伤部位还未痊愈又持续使用受伤部位的话，脚踝伤处会进一步恶化。如果脚踝扭伤没有出现肿胀的情况，这属于第 1 度扭伤，出现并发症的概率比较低；反之，如果出现肿胀的情况，则属于第 2 度以上的扭伤，容易出现并发症。

第 1 度扭伤，指的是韧带松弛或未满 25% 的韧带纤维撕裂，这种情况只要做好冷敷和保护，通常 7 天内即可痊愈；第 2 度以上的扭伤则有 50% 以上的韧带撕裂，若要痊愈，则需要 28 天左右的时间。

对症
拉伸操

脚踝肌肉拉伸

生活小保健

当脚踝扭伤并出现肿胀的时候，最好休息 28 天，减少脚踝活动的时间。建议用冰敷脚踝，或用弹力绷带捆紧伤处进行短时间的压迫，使肿胀尽快消除。

下肢莫名肿胀，多与静脉回流不畅有关

下肢肿胀是生活中常见的现象，有些下肢肿胀是正常的，如医生站了一天手术，下台时发现脚踝处有轻微的肿胀，或商场销售员站了一天，回家后发现腿都肿了，这些都是正常的。但大多数的下肢肿胀都是病态的，特别是那些突然发生的下肢肿胀，都需要引起大家的警惕。

由静脉回流不畅造成的下肢浮肿，常常表现为其中一只脚先肿，到了晚上肿胀减轻。中医认为，肝胆湿热，湿热下注下肢，湿热气滞，静脉血液循环不好，就容易导致静脉曲张、静脉炎。

生活小保健

建议尽量不要提重物，多平躺休息。每天将双脚翘起 2 ~ 3 次，平或高于心脏，此时脚、腿部血循环旺盛，下肢血液流回肺和心脏的速度加快，得到充分循环，头部可得到充足而新鲜的血液和氧，同时对脚部穴位、反射区也是一个良性刺激。

对症拉伸操

小腿肌肉拉伸 1

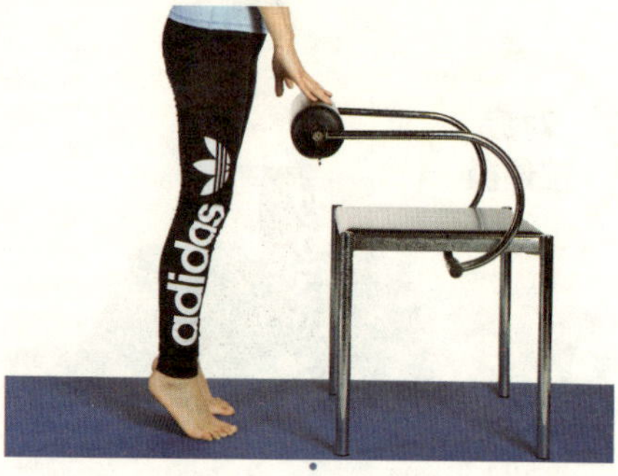

小腿肌肉拉伸 2

脚掌的简易拉伸操

脚是人体中非常重要的部分，在人类进化过程中，起着不可忽视的作用。特别是脚掌上有无数的神经末梢，并与大脑紧密相连，被称作“人的第二心脏”。脚底指脚的底部，即脚用来接触地面的部分。脚底、脚心、脚跟都属于脚底范围。

脚底按摩对全身保健护理有很好的功效。每天临睡前用热水洗脚，不仅清洁身体，还可以防治脚气、脚干裂、冻疮、下肢浮肿、下肢不温等症。

哪些症状可以看出脚掌痛

自我检查时，如果有以下症状，那就说明脚掌有疾患，要坚持做脚掌伸展以舒缓脚掌疼痛。

1 长时间伏案工作后，想站起来走动一下却发现脚掌又痛又僵硬。

2 久站或或者走路一段距离后，脚掌容易感觉到僵硬不适，若走路时间太长，脚掌会越来越疼，甚至疼到无法站立。

3 体重过度上升或身上过度负重的时候，脚掌会产生疼痛感。

4 严重时，脚掌会感觉又热又麻，脚内侧肌肉萎缩，脚掌逐渐变成扁平足，甚至在早上起床下床的那一刻就能感受到剧烈疼痛。

基础操作步骤

脚掌筋拉伸

拉伸脚掌筋膜，缓解疼痛。

❶ 找一个舒服的姿势席地而坐，用手指抓住一只脚的大脚趾。

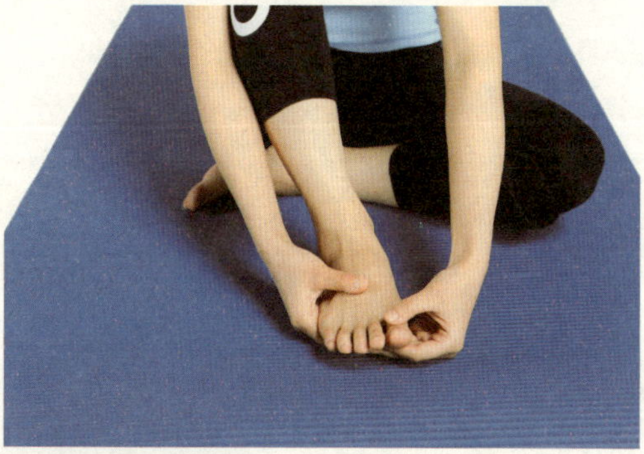

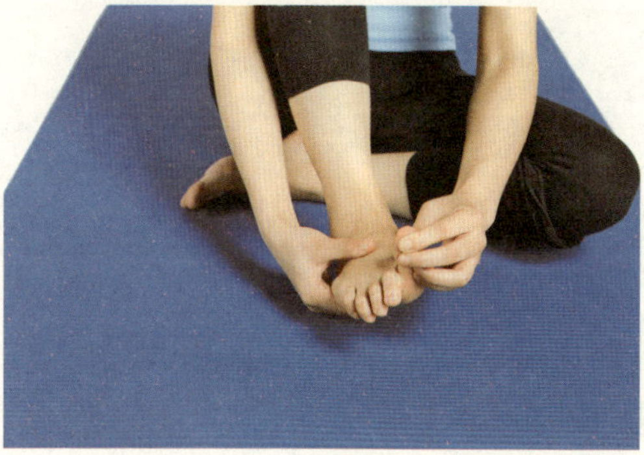

❷ 将大脚趾往脚背方向按压，保持 15 秒后恢复原状。反复操作 3 次后换脚操作。

操作要点：按压脚趾时，脚掌应该有放松舒展的感觉。

脚掌筋膜拉伸 1

刺激僵硬的脚掌筋膜，缓解疼痛。

❶ 臀部半坐，抬头挺胸坐好，两眼目视前方。选择瓶身有凹槽的瓶子放在一只脚的脚掌下。

❷ 用脚掌前后滚动瓶子 30 次后休息 5 秒。反复操作 3 次后换边操作。

操作要点：切勿过度按压瓶子，避免臀部离开椅子。

脚掌筋膜拉伸 2

刺激僵硬的脚掌筋膜，缓解疼痛。

❶ 屈膝跪坐，腰背挺直，双手搭在双膝上，两眼目视前方。

❷ 用双脚脚趾的力量抬高臀部，保持 15 秒后恢复原状。重复操作 3 次。

操作要点：若是疼痛剧烈，可稍微抬臀调整强度。

脚掌筋膜拉伸 3

刺激僵硬的脚掌筋膜，拉伸小腿肌肉，缓解疼痛。

❶ 端正站好，腰背挺直，双手贴墙，身体跟墙壁有 30 厘米的距离，一只脚前脚掌紧贴墙壁。

❷ 身体往墙壁上压，另一只脚抬起后脚跟，使其小腿部成一直线，保持 15 秒后恢复原状。反复操作 3 次后换脚操作。

操作要点：上半身注意保持挺直，臀部切勿往后移。

不同病症导致的脚掌痛

足部无故疼痛？可能是糖尿病

你有想过吗？脚底疼痛，也许不仅仅是由于长时间的走路或站立这么简单。现代医学研究发现，特别是持续几天甚至几周的足部疼痛，可能是某些疾病的征兆，为大家熟知的糖尿病就是其一。

糖尿病除了影响血管外，还可影响神经线的运作，令患者产生神经痛。足部是体内最易受神经痛影响的部位之一，加上血管变窄，导致足部血液循环不足，很容易在悄然无息中引发足部（尤其是足底）疼痛。

生活小保健

1. 饮食治疗。这是治糖尿病的基础，因为糖尿病的发生与饮食有关。糖尿病患者饮食宜清淡，但是也要保证营养充足。
2. 运动疗法。生命在于运动，适当运动有利于增强人体免疫力和提高人体抵抗力，饭后适当运动还能降低血糖。

对症拉伸操

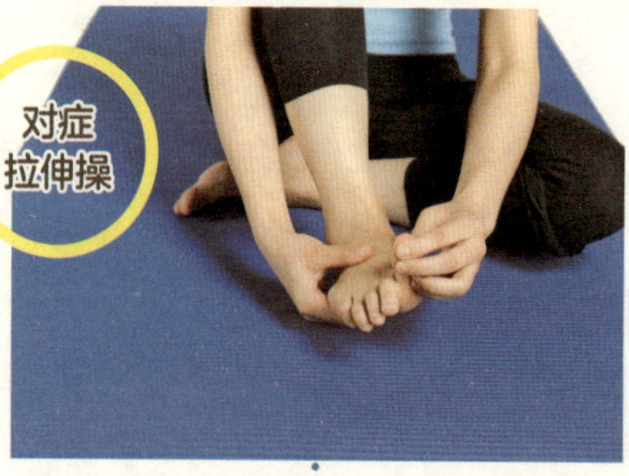

脚掌筋拉伸

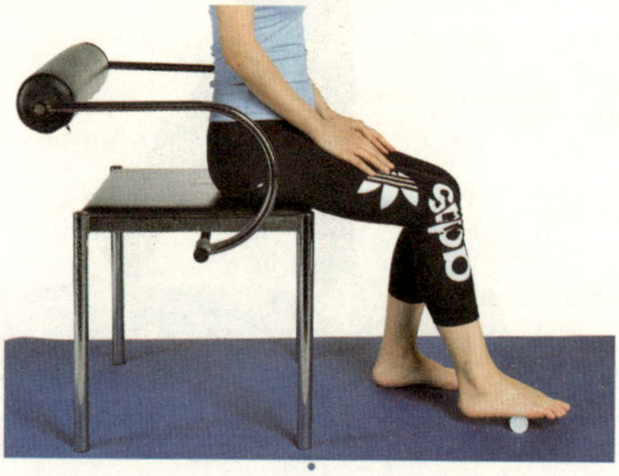

脚掌筋膜拉伸 1

行走时双脚发麻？恐为腰椎管狭窄症

腰椎管狭窄症是指腰椎管、神经根管或椎间孔的骨性或纤维性结构产生狭窄而引起马尾、神经根压迫，而出现腰腿部疼痛、麻木甚至大小便障碍等一系列症状，是导致腰痛及腰腿痛等常见腰椎病的病因之一，多发于 40 岁以上的中年人。

做腰部拉伸运动可引起下肢麻痛加重，这是诊断腰椎管狭窄症的重要体征。此外，腰椎狭窄症诱发后，站立或行走时会出现腰酸痛、腿痛或麻木、无力、抽筋等症状，并逐渐加重以致不能继续行走，需蹲下或坐下休息一段时间后，方能继续活动。随着病情加重，行走的距离越来越短，需休息的时间也越来越长。

生活小保健

目前，治疗早期或轻度腰椎管狭窄症主要以非手术疗法为主，无效者则需行手术治疗。在日常生活中，需要注意腰背肌和腹肌的功能锻炼，尽量避免腰部受到风寒侵袭；避免腰部长时间处于一种姿势。

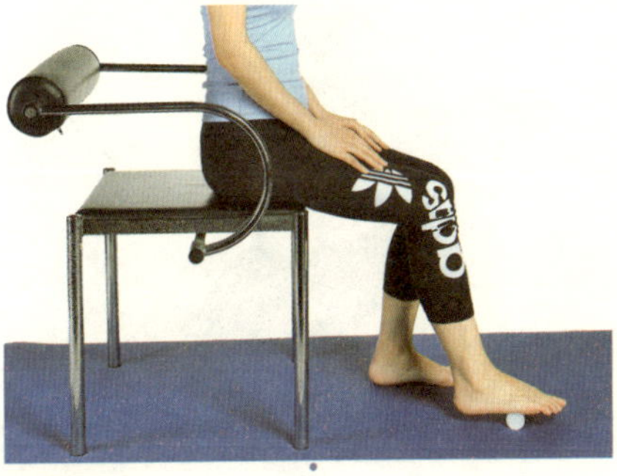

对症拉伸操

脚掌筋膜拉伸 1

脚掌筋膜拉伸 2

站立时脚掌疼痛？不排除足底腱膜炎

相信酷爱运动的人和喜欢穿高跟鞋逛街的女孩子对足底腱膜炎大多有所了解。

它主要表现为脚跟的疼痛与不适，压痛点常在足底近足跟处，有时压痛较剧烈，且持续存在。晨起时疼痛感觉明显，行走过度时疼痛感加剧，严重者甚至站立休息时也有疼痛感。

足底腱膜炎主要和劳损有关系，一般来说，穿鞋不合适、鞋底过薄过软、过度运动或走路姿势不当、行走路面凹凸不平等均会导致足跟腱膜损伤，久而久之，会发展成“功能性扁平足”，使足底筋膜松弛，进而使连接至骨头的筋膜部位发炎，长期恶化会使足底筋膜变粗和产生疼痛。

生活小保健

平时要注意减少运动量，避免受风着凉，可以局部热敷，多用热水泡脚，穿软底鞋。一旦发生足底腱膜损伤，必要时及时就诊，进行规范治疗。也可以用按摩足底筋膜的方法，缓解筋膜的发炎症状，也能预防筋膜变粗。

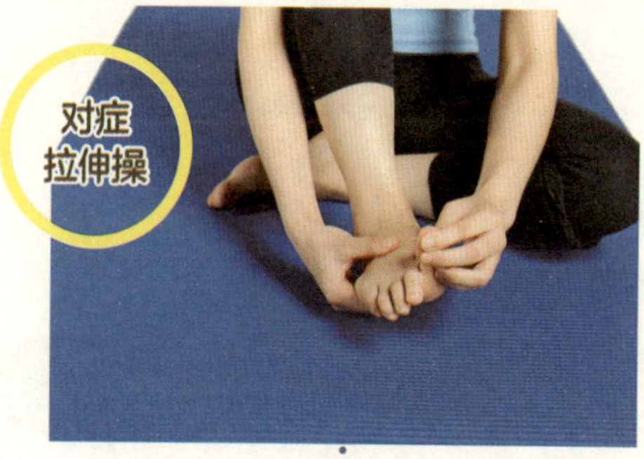

脚掌筋拉伸

脚掌筋膜拉伸 2